EDMOND ABOUT

A B C

DU TRAVAILLEUR

NOUVELLE ÉDITION

PARIS

LIBRAIRIE HACHETTE ET Cie

79, BOULEVARD SAINT-GERMAIN, 79

A B C

DU TRAVAILLEUR

OUVRAGES DU MÊME AUTEUR

PUBLIÉS PAR LA LIBRAIRIE HACHETTE ET Cⁱᵉ

17123. — Imprimerie A. Lahure, rue de Fleurus, 9, à Paris.

EDMOND ABOUT

A B C

DU TRAVAILLEUR

CINQUIÈME ÉDITION

PARIS

LIBRAIRIE HACHETTE ET Cie

79, BOULEVARD SAINT-GERMAIN, 79

1888

A B C

DU TRAVAILLEUR

INTRODUCTION

Il y a quatre ou cinq ans, les hasards de la vie
me mirent en correspondance avec un groupe de
travailleurs parisiens. Ils n'étaient guère plus de
soixante-dix, mais chacun représentait un corps de
métier, et l'on devinait derrière eux toute une armée de camarades. Je n'en ai pas vu un seul face
à face : ils m'écrivirent, je leur répondis une lettre
assez longue qui courut les ateliers, puis l'un
d'eux, qui semblait exercer une certaine autorité
par sa droiture et ses lumières, m'adressa une proposition qui peut se résumer ainsi :

« Voulez-vous lier avec nous une amitié solide

1

et durable? Rendez-nous un service que ni nos orateurs, ni nos publicistes en titre n'ont jamais songé à nous offrir. Publiez un petit livre qui nous apprenne en quelques heures de lecture tout ce qu'il nous est indispensable de savoir.

« Ce que nous vous demandons, ce n'est pas un abrégé de la science universelle : il y a tant de choses au monde qui ne nous touchent ni de près ni de loin! Mais le sens commun nous dit qu'un homme de bonne volonté pourrait, avec un peu d'effort, serrer dans deux ou trois cents pages toutes les vérités pratiques qu'il nous importe de savoir.

« Notre condition n'est pas douce, et le pire, c'est que rien ne nous en fait espérer une meilleure, même pour nos enfants ou nos petits-enfants.

« Nous nous sommes vus, un moment, placés entre les théories désespérantes de ceux qui nous condamnaient à l'abjection éternelle, et les théories subversives de ceux qui nous disaient : Avec le fer on a du pain.

« L'expérience des révolutions sociales est faite; nous savons tous ce que coûte une émeute, et que la folle enchère en est payée d'abord et surtout par les pauvres.

« On nous a dit ensuite que le remède à tous nos maux était dans les coalitions pacifiques, à l'anglaise; c'est une autre épreuve à tenter; les uns y vont de bon cœur, les autres non.

« Quelques hommes éclairés, et il y en a parmi nous plus qu'on ne croit, affirment que nous pourrions remplacer la hausse artificielle des salaires par la réduction des dépenses. Il est certain que nous payons tout plus cher que les riches, attendu que nous achetons au petit détail; les denrées nécessaires à la vie nous arrivent à travers une série d'intermédiaires onéreux qui n'en finit pas.

« N'y a-t-il aucun moyen de supprimer les intermédiaires? Est-ce que cent travailleurs associés pour faire leurs emplettes ne représentent pas, entre eux tous, le ménage d'un riche? Les soldats associés sous le drapeau dépensent moins d'un franc par jour, et vivent bien.

« Si l'union peut accomplir de tels miracles, elle en fera d'autres. Le capital nous impose ses lois, et l'on nous dit qu'il régnera sur nous jusqu'à la fin des siècles. Mais à force d'empiler des pièces de dix sous, est-ce que nous n'arriverions pas, entre nous tous, à créer un capital? Et le capital une fois né, ne serions-nous pas en état de travailler pour notre compte, sans partager nos profits avec personne?

« Pensez-vous que vingt ouvriers, sachant tous leur affaire, ne feraient pas **un patron**, comme vingt francs font un louis?

« Le malheur est que toute expérience coûte cher, surtout lorsqu'il faut marcher à tâtons, sans route tracée. Notre ignorance nous lie bras et jambes.

« N'y a-t-il pas une science de l'économie sociale? Comment ne nous l'a-t-on jamais enseignée? La savez-vous? Pouvez-vous nous l'apprendre? Nous ne demandons pas un traité dans les formes, mais quelques heures de conversation familière sur la richesse, le capital, le revenu, le travail, le salaire, la production, la consommation, la coopération, l'impôt, la monnaie, que sais-je encore? sur tous ces mots dont on nous rebat les oreilles, tantôt pour nous décourager, tantôt pour nous leurrer, jamais pour les définir et les dégager de toute équivoque. »

Je répondis à mon correspondant que j'acceptais la tâche et que je m'y mettrais un jour ou l'autre; mais quand? Le bon vouloir ne suffit pas dans une telle entreprise : il faut le temps de lire, de comparer, de discuter et d'écrire.

Chemin faisant, je me suis persuadé que ce travail de simple exposition, quoiqu'il ne contienne pas, à proprement parler, d'idées neuves, pourra rendre service à d'autres citoyens que les ouvriers de Paris.

Agriculteurs, marchands, chefs d'industrie, propriétaires, rentiers, artistes et gens de lettres, nous faisons tous de l'économie sociale comme M. Jourdain faisait de la prose, sans le savoir. Malheureusement, nous ne la faisons pas toujours bonne.

Des ouvrages spéciaux, il y en a beaucoup, et d'admirables. Mais ils coûtent trop cher pour être à la portée de tout le monde, et le style adopté par la plupart des économistes est comme une deuxième barrière qui s'interpose entre le grand public et la vérité.

Le seul livre réellement élémentaire est le catéchisme de Jean-Baptiste Say : un chef-d'œuvre de bon sens et de bonne foi, mais rédigé dans une forme trop abstraite et dans un style trop géométrique pour plaire aux lecteurs d'aujourd'hui. Si l'illustre penseur a devancé, dans l'essor de son génie, les plus audacieux progrès de notre temps, il ne pouvait prévoir que cinquante ans après l'édition définitive de son catéchisme, les questions d'économie intéresseraient passionnément plusieurs millions de Français sachant lire. Le public pour lequel il écrivait en 1821 était à la fois plus restreint et mieux préparé que le nôtre : pour étendre et vulgariser ce haut enseignement, il faut le ramener plus près de terre; le bien que nous espérons faire est à ce prix.

Nul n'est censé ignorer les lois civiles et pé-
nales qui nous régissent, et réellement personne
ne les ignore dans leurs traits principaux. Pourquoi la grande majorité d'un peuple comme le
nôtre ignore-t-elle encore les lois économiques,
lois éternelles, immuables, dérivées fatalement de
la nature elle-même? Pourquoi le premier nova-
teur qui vient saper les bases de la société à coups
de paradoxes et de sophismes nous prend-il tous
ou presque tous au dépourvu?

Pourquoi le capital et le travail, deux alliés in-
séparables par nature, sont-ils éternellement en
défiance pour ne pas dire en guerre? Pourquoi les
plus honnêtes gens du monde s'accusent-ils réciproquement de crimes épouvantables, les uns
criant qu'on veut leur prendre ce qu'ils ont, les
autres protestant qu'on leur a volé ce qu'ils n'ont
pas? Pourquoi les riches, ou du moins certains
riches, méprisent-ils stupidement ceux qui travaillent? Mais, malheureux! votre fortune n'est pas
autre chose que du travail mis en tas. Pourquoi
les pauvres haïssent-ils généralement les riches?
Vous ne savez donc pas que vous seriez cent fois
plus pauvres, c'est-à-dire travaillant plus pour
gagner moins, s'il n'y avait que des pauvres autour de vous? Pourquoi la fraude et la méfiance,
l'arrogance et la révolte, les exigences absurdes

et les résistances iniques qui font rage dans ce domaine de l'industrie et du commerce, où il serait si facile et si bon de s'entendre?

Parce que les intérêts s'entre-choquent dans une nuit épaisse, et non pas la nuit-simple, la nuit de notre temps, qui ne fait plus peur à personne : non! celle dont je vous parle est une vieille nuit du moyen âge, peuplée d'oiseaux fantastiques, de fantômes menaçants et de chauves-souris anthropophages.

Il faudrait allumer cent mille becs de gaz pour éclairer les bonnes gens qui se battent dans ces ténèbres : c'est une besogne que je laisse à plus fort que moi. En attendant, j'allume une simple chandelle : il ne faut rien de plus pour dissiper les fantômes, dit-on.

I

BESOINS DE L'HOMME

Ceux qui nous ont donné la vie nous auraient fait un triste présent, s'ils ne nous donnaient pas autre chose.

De tous les animaux qui pullulent à la surface de la terre, le plus nu, le plus faible et le plus longtemps misérable est sans contredit l'homme nouveau-né.

Abandonner un petit enfant dans un lieu solitaire ou lui casser la tête contre un arbre, c'est tout un. La nature nous bâtit de telle façon que pour vivre il nous faut un abri, des vêtements, des aliments, mille choses qu'elle ne four-

nit pas et que nous sommes incapables de nous
donner nous-mêmes.

Durant plusieurs années, les autres hommes
nous logent, nous habillent, nous alimentent :
la société nous fait crédit. Nous n'existons que
comme débiteurs jusqu'à l'âge où nous pouvons
tant bien que mal nous suffire à nous-mêmes.
Arrive une période où le jeune homme gagne à
peu près ce qu'il coûte et vit *au pair*, comme certains commis de magasin et apprentis de fabrique.
Enfin, vers l'âge de vingt-sept ans, si j'en crois
les économistes, nous commençons à gagner plus
que notre dépense et à rembourser les avances
que la société a faites pour nous.

Les enfants, et je sais beaucoup d'hommes
qui sont enfants sur ce point, s'imaginent que
la société leur doit quelque chose. N'avez-vous jamais entendu ce fameux axiome : « A chacun selon
ses besoins? »

Moi, je le trouvais admirable en 1848. J'avais
vingt ans, j'étais ignorant des choses de la vie
comme un bon lycéen, c'est tout dire. Je n'avais
jamais fait que des thèmes et des versions, fort
inutiles sans doute à la communauté des hommes,
et je me croyais naïvement créancier. Je ne com-
prenais pas qu'un garçon de bon appétit, comme
j'étais, n'eût pas droit à sa part des produits sa-

voureux de la terre. Et la terre elle-même n'était-
elle pas un peu mon patrimoine? Étant donné un
milliard d'êtres humains répandus sur une surface déterminée, il me semblait souverainement
injuste qu'un autre eût confisqué et cultivé avant
ma naissance le lopin qui me revenait. Car enfin
j'ai le droit de vivre, que diable! J'ai donc un
droit né et acquis sur toutes les choses indispensables à la vie.

Ne vous moquez pas trop si j'avoue qu'il m'a
fallu plusieurs années pour dégager de ces illusions la véritable notion du droit.

L'homme est un être sacré parce qu'il est le
produit définitif de la création, parce que la nature n'a rien fait de plus intelligent et de plus
perfectible que lui. Chacun de nous, dès sa naissance, vient au partage d'une souveraineté qui
rend sa personne inviolable. Nous sommes tous
égaux en principe, sinon en fait, parce que
nous participons tous d'un caractère auguste.
Nous sommes tous libres, en ce sens que nul
de nous ne peut violemment imposer ses volon-
tés à un autre. Le droit, c'est l'inviolabilité de
la personne humaine; rien de moins, rien de
plus.

Si la planète que nous habitons était un paradis
terrestre donné à tous les hommes nés et à naître

pour en jouir sans travail, l'acte de donation nous
assurerait à tous un droit égal sur tous les biens
nécessaires, utiles ou agréables. Nous nous parta-
gerions la jouissance du domaine commun, sauf à
nous priver un peu en faveur des survenants.
Poussez à bout l'hypothèse d'un paradis terrestre,
et vous verrez le genre humain vivant sur terre
comme des mouches dans une salle à manger. Les
générations se succéderont à l'infini pendant une
série de siècles sans que ces heureux animaux
aient rien perfectionné autour d'eux ni en eux.

Ce qui fait la grandeur et la gloire de notre espèce, c'est la difficulté de vivre où nous sommes
jetés. Nous apportons en naissant des besoins plus
compliqués que ceux de tous les animaux, quels
qu'ils soient, et la terre nous refuse obstinément
ce qui peut les satisfaire. Elle ne donne rien qu'au
travail; si nous voulons des abris, des vêtements,
des vivres, il faut les conquérir sur elle et les arracher de son sein. Tous les biens utiles à l'homme
sont le prix des efforts de l'homme.

Or le travail est un exercice de nos facultés, e,
qui s'exerce se perfectionne. Donc la nécessité d'a-
méliorer la nature autour de nous, nous entraîne
forcément à nous améliorer nous-mêmes.

A mesure que l'homme se perfectionne, il naît
en lui des besoins nouveaux qui l'obligent à de

nouveaux efforts et l'amènent par cela seul à s'élever incessamment au-dessus de lui-même : c'est
l'histoire du progrès dans l'humanité.

On a beaucoup parlé, depuis deux ou trois ans,
d'un brave homme qui vit en sauvage dans les forêts du Var. Il est intéressant, comme maniaque,
et les efforts qu'il fait pour réduire ses besoins mé-
ritent l'attention qu'ils obtiennent. Mais cet esti-
mable demi-fou prend la civilisation au rebours.
Consommer peu de chose et produire zéro, ce n'est
pas s'élever au-dessus de l'humanité, c'est se
rapprocher de la bête. Ce pauvre diable a beau
se restreindre au strict nécessaire, il nous vole,
car il mourra insolvable et il ne remboursera point
à la société les sacrifices qu'elle a faits pour lui.

Say dit excellemment que l'homme le plus civilisé
est celui qui produit le plus et consomme le plus.
Comparez l'Indou fainéant qui travaille un quart
d'heure pour gagner une poignée de riz et vit
toute une journée là-dessus, et l'ouvrier anglais
qui consomme de la viande, des légumes, de la
bière, de la laine, du gaz, du charbon, des métaux,
et produit en conséquence. Lequel des deux ajoute
davantage au capital du genre humain ?

Si vous voulez vous rendre compte des besoins
que la civilisation a fait naître en vous et des ressources qu'elle vous a créées, supposez que toutes

ces ressources vous manquent à la fois et que vous êtes jeté seul avec vos besoins dans une île déserte.

Soit un homme de trente-cinq ans, dans toute la force de l'âge, et robuste, exercé, adroit, instruit, tout ce qu'il vous plaira, mais seul et nu sur une plage où nul autre homme n'a mis le pied. Combien de jours lui donnez-vous à vivre?

Un illustre romancier anglais, Daniel Foe, a posé ce problème il y a deux siècles, mais dans des termes bien différents, en homme qui veut rendre la solution facile. Robinson est jeté sur une île qui semble faite exprès pour lui; les animaux féroces sont écartés et le climat assaini d'avance. Son navire, qu'il dépouille à loisir, lui fournit des provisions, des vêtements, des chaussures, des outils, des armes, des munitions et jusqu'à des animaux domestiques. C'est tout le matériel de la civilisation européenne, un capital exorbitant, le travail accumulé de soixante siècles et plus au profit d'un seul naufragé. Ce faux deshérité a même du superflu, des livres, de l'argent, que sais-je? Par l'accident qui l'a séparé du monde, il devient l'héritier fortuit de cent millions d'hommes. Et pourtant avouez que vous tremblez pour lui? Vous n'y songez pas sans vous dire que les besoins de l'homme civilisé sont encore plus mul-

tiples, plus complexes et plus infinis que la cargaison d'un navire, quel qu'il soit.

Et si l'homme était réellement livré à ses ressources personnelles ? Si l'on supprimait le navire ?

Supposez l'île aussi riche que vous voudrez :
dix mètres de terre végétale sur toute la surface
du sol, et tous les arbres que la terre produit
sans culture. L'eau fourmille de poissons, l'air est
peuplé d'oiseaux, la forêt abonde en gibier de
toute sorte. Mais le gibier, non plus que le poisson, ne court au-devant de la mort; il faut des
armes, des piéges, des engins pour le prendre.
Mais les fruits naturels du sol sont généralement
insipides et quelquefois vénéneux. Enfin l'homme
ne peut pas vivre d'aliments crus, et le feu manque. Le feu ! une bagatelle pour le Parisien qui a des
allumettes chimiques dans sa poche et qui rencontre des cigares allumés tout le long de la rue.
Mais égarez-vous seulement dans le bois de Vincennes, soyez surpris par la nuit, ayez froid et
cherchez à faire du feu comme les sauvages, en
frottant deux morceaux de bois. L'épuisement
viendra plus tôt que l'étincelle.

La construction du moindre abri, fût-ce un
simple hangar de branches entrelacées, suppose
une hache, un couteau, un instrument de fer ou

de pierre assez tranchant pour entamer le bois.
Hélas! que le premier morceau de fer nous paraît
loin, quand nous nous replaçons dans l'état de
nature! Combien de générations ont peiné pour
atteindre ce but! A Paris, on achète un couteau
pour un sou, une boîte d'allumettes pour un
sou, un petit pain pour un sou, et l'on oublie que
le premier allumeur de feu, le premier semeur de
blé et le premier forgeron furent mis au rang des
dieux.

Le vêtement abonde en telle profusion chez les
peuples civilisés; nous sommes si bien accoutumés
à voir tout le monde vêtu autour de nous qu'il
nous faut presque un effort d'imagination pour
nous représenter un corps tout nu. Prenez un
bambin à l'école primaire et dites-lui de dessiner
un homme : il commencera par le chapeau. L'extrême dénûment nous est représenté par des habits en lambeaux, des souliers béants, un chapeau sale et défoncé : nous ne nous figurons pas
le corps humain exposé directement, sans aucune
défense, aux intempéries du froid et du chaud, à
la pluie, au vent, au contact d'un sol âpre et ru-
gueux. L'homme civilisé, qu'il soit riche ou pauvre, n'ôte ses vêtements que pour entrer au bain
ou au lit. Mais le lit est lui-même un vêtement,
plus doux, plus commode et plus confortable que

les autres. Tous les Français n'ont pas des sommiers élastiques et des draps en toile de Hollande ; mais on compterait ceux qui, la nuit venue, n'ont pas un lit tel quel où reposer leurs membres. Quand nous voulons exprimer l'idée d'un coucher misérable, nous parlons d'un grabat malpropre et dur, sans songer que ce grabat serait l'idéal du confort pour ceux qui dorment nus sur la terre uue.

Que faut-il conclure de là ? Que la vie la plus simple et la plus élémentaire est encore quelque chose d'horriblement compliqué. La moindre chose, celle qui vous coûte le moins parce qu'elle surabonde en pays civilisé, est le prix d'efforts incalculables. Le naufragé dont nous parlions tout à l'heure userait ses bras jusqu'au coude avant d'extraire et de tailler un de ces grès cubiques sur lesquels vous marchez en disant : Dieu! que ma rue est mal pavée!

Je suppose que le naufragé, après une première journée d'exploration et de labeur, exténué, mal repu de fruits et de racines sauvages, s'étend sous un abri de branches qu'il a cassées, sur un lit d'herbes sèches, piquantes et tranchantes, qu'il a lui-même arrachées brin à brin. Il s'endort, si tant est qu'un homme civilisé puisse goûter un vrai sommeil au milieu de dangers innombrables

Il y a un bien auquel vous ne pensez jamais, car c'est celui sur lequel vous êtes le plus blasés : la sécurité! Mais n'importe! il s'endort, et voici ce qui lui apparaît en songe :

Dans une petite chambre hermétiquement close, sur un lit de bois peint garni d'une paillasse, d'un matelas, d'une bonne couverture, sans compter deux oreillers de plume et deux draps de toile blanche, reposent deux êtres jeunes et bien portants. Un enfant dort auprès d'eux dans son berceau. Cette famille est protégée d'abord par une bonne serrure de fer forgé, ensuite par un concierge qui loge au bas de l'escalier, enfin par un sergent de ville qui se promène du soir au matin sur le trottoir de la rue. Ni la pluie, ni le vent, ni les animaux nuisibles, ni les hommes de proie ne peuvent pénétrer dans cette humble mais heureuse demeure. Toutes les choses nécessaires à la vie s'y trouvent rassemblées sinon en abondance, du moins en quantité suffisante, car la table de noyer poli montre encore les restes du dîner : un gros morceau de pain, un peu de bœuf ou de veau dans un plat, quelques légumes de la saison, une carafe à moitié pleine d'eau douce et limpide, et du vin, cette force et cette consolation de l'homme, dans un fond de bouteille. Quatre chaises de bois verni, confortablement empaillées, une table de nuit et une commode de noyer couverte d'un marbre complètent l'ameublement de la chambre. La commode, qui ferme à clef, contient une multitude de choses qu'un naufragé payerait de plusieurs années de sa vie : des vêtements de laine chauds et légers, du linge en petite quantité, mais blanc et bien cousu; du fil et des aiguilles, des boutons et des épingles : un vrai trésor pour l'homme qui a gardé les besoins de la civilisation en perdant tous ses bienfaits à la fois! Le superflu s'ajoute au nécessaire : il y a une chandelle, des allumettes, un livre, une montre d'argent sur la table de nuit! Les murs sont tendus de papier peint et ornés de quatre images dans leurs cadres. Quelques futilités bien humbles assurément, mais qu'un homme isolé ne saurait pas produire en dix années de travail, décorent la petite cheminée de marbre noir.

A ce spectacle, le naufragé, fût-il un ex-millionnaire, ne peut se défendre de l'envie. Mais ces gens-là sont donc les rois du monde? Ils ont mis l'univers à contribution pour se loger, se nourrir et s'habiller?

Un architecte a tracé le plan de la maison qu'ils habitent;

Un carrier a éventré la terre pour en arracher les moellons;

Un tuilier a extrait, pétri, moulé et mis au four chacune des tuiles qui les abritent;

Un bûcheron a coupé des arbres dans la forêt, un voiturier les a transportés, un charpentier les a équarris et assemblés pour leur faire une toiture;

Un plâtrier a cuit le sulfate de chaux qui revêt leurs quatre murs. Un menuisier a raboté leur plancher, leur porte et leur fenêtre. Un peintre a étendu sur le bois plusieurs couches de couleurs, préparées par un chimiste. Un verrier a fondu le verre de leurs croisées; un vitrier l'a découpé avec un diamant, que tout un équipage de marins était allé chercher au Brésil. Que de miracles accomplis dans l'intérêt d'un seul ménage! Combien de voyageurs ont traversé les mers au profit de ces gens-là! Le café dont il reste une goutte au fond de leurs tasses arrive de Java, le sucre des Antilles, le poivre des îles Moluques; ce petit clou de girofle qui accompagne le pot-au-feu a été perçu comme impôt par l'iman de Mascate, sur la côte orientale de l'Afrique. L'éleveur, le boucher, le laboureur, le meunier, le boulanger, le vigneron, le saunier, l'huilier, le vinaigrier, le tisserand, le filateur, le teinturier, le mineur, le forgeron, le tailleur et cent autres corps d'état ont travaillé pour ces trois personnes. J'aurais dix mille esclaves à mon service, ils ne me procureraient pas la moitié des biens utiles qui abondent dans cette mansarde. Pour fabriquer un seul clou de ces souliers, je travaillerais dix ans, à raison de vingt-quatre heures par jour, et je n'y parviendrais pas!

Lecteur intelligent, je n'ai pas besoin de vous présenter ces heureux de la terre qui ont du pain sur leur table et des clous à leurs souliers. Vous les avez reconnus, et qui sait si vous ne vous êtes pas reconnu vous-même? C'est un petit ménage d'ouvriers parisiens. Le mari gagne cent sous par jour et la femme trente.

Mais le maître de cet humble logis ne sait pas qu'il est un objet d'envie pour le naufragé et pour bien d'autres; par exemple pour le portier russe qui dort dans un tonneau devant le palais de son maître, ou pour le moissonneur romain qui boit la poussière et tire la langue comme un pauvre chien, depuis le lever du soleil jusqu'à la chute du jour. On l'étonnerait fort en lui disant qu'il est mieux logé, mieux nourri, mieux vêtu et infiniment plus civilisé que certains chevaliers du moyen âge et même que tous les rois de l'Iliade et de l'Odyssée.

Il rêve, lui aussi, mais à quoi?

Aux dangers dont il est exempt? Non. Aux pri-

vations que l'homme souffrait jadis et que les peuples moins civilisés connaissent encore aujour-
d'hui? Non. Il rêve aux prospérités de son patron,
ce puissant industriel qui se fait bâtir un hôtel
au boulevard Haussmann et qui vient d'acquérir
un château en province.

C'est le patron qui est heureux! En deux heures
de temps, il expédie ses affaires de chaque jour,
tandis que l'ouvrier travaille dix heures! il va, il
vient, il se fait voiturer où bon lui semble, au bois
de Boulogne, aux courses, à l'Opéra, aux Italiens.
Pour un oui ou pour un non, il prend l'express
et voit cent lieues de pays en quelques heures. Il
a une femme élégante, aux mains blanches; il lui
donne tout ce que la mode invente de plus cher.
Il a des tableaux de maître dans son salon, une
bibliothèque bourrée des meilleurs et des plus
beaux livres.

« Moi, je lis tant que je peux, mais comment
faire, quand on est pris dix heures par jour? Je
n'ai pas le moyen de choisir mes lectures; il faut
aller au bon marché, et Dieu sait quel salmigon-
dis la presse à bon marché nous fabrique! Je vais
au théâtre cinq ou six fois par an, mais l'ouvrier
n'a guère le choix de ses spectacles. J'ai l'amour
instinctif de tout ce qui est grand et beau, et ma
condition ne me permet pas de le satisfaire. Qu'est-

ce que les galeries du musée, vues le dimanche,
dans la cohue, sans explication ni commentaire?
Qu'est-ce que les concerts que nous nous donnons
à nous-mêmes, entre amis, dans nos sociétés cho-
rales? Qu'est-ce que la nature poudreuse et plâ-
treuse des banlieues, la seule qui nous soit offerte
au printemps? J'aime ma petite femme et je souffre de la voir réduite à travailler comme moi.
Quelque chose me dit que l'homme seul doit sub-
venir par son labeur à tous les besoins de la famille. C'est ainsi que cela se passe chez mon patron
et chez tous les riches : quand donc en sera-t-il
de même chez nous? Je souffre aussi de voir ma
femme mesquinement vêtue; je souffre de ne pouvoir lui consacrer que les rognures de mes journées, les déchets de ma vie, les miettes de mon
temps : mon cœur me dit qu'on aime autrement
et mieux quand on n'est pas esclave de la difficulté de vivre. J'adore mon moutard, et j'enrage
à l'idée qu'il sera, sauf miracle, un salarié comme
moi. Je l'enverrai certainement à l'école primaire,
mais le lycée lui est interdit comme le *Pater* aux
ânes. Est-ce qu'on n'inventera pas une combinaison qui change tout ça? A quoi sert le génie des
inventeurs? Où est le progrès? Je me résignerais
encore à peiner toute ma vie, si j'avais l'espérance
de laisser ce petit-là moins mercenaire que nous. »

Mais le patron, qui n'est pas un mercenaire, le
patron qui ne reçoit pas de salaires et qui en paye,
ce grand industriel, cet homme autour de qui tout
abonde, pensez-vous qu'il n'ait besoin de rien? Il
a de quoi combler l'ambition de cent ouvriers parisiens, de quoi sauver la vie à dix mille naufra-
gés mourant de faim et de froid; mais ses besoins
ont changé avec sa fortune.

Vous supposez peut-être qu'il s'éveille la nuit
pour se féliciter de tous les biens qu'il a? Non :
s'il s'éveille, c'est plutôt pour penser aux biens
qui lui manquent.

L'homme est ainsi bâti que d'étape en étape il
considère son point d'arrivée comme un nouveau
point de départ.

Nous prenons pour accordés les avantages que
le sort ou le travail nous procure, et nous nous
empressons de penser à d'autres.

Un directeur d'usine n'est pas plus sensible au
plaisir d'aller en voiture que vous ou moi au plaisir d'avoir des souliers.

Certes il n'est pas à plaindre, celui qui abat sa
journée en deux heures de temps. Mais ces deux
heures du travail quotidien lui deviennent pénibles à la longue, d'autant plus que le souci des affaires le poursuit tout le reste du temps. Il souffre
de l'incertitude qui pèse sur les fortunes engagées

dans l'industrie; il aspire au moment de liquider sa position en échangeant cette machine compliquée, absorbante, fatigante, contre un autre capital également puissant, mais plus simple et travaillant tout seul.

Voilà l'affaire faite : l'industriel est devenu rentier. Sur les vingt-quatre heures du jour, il en a désormais vingt-quatre à lui, bien à lui. Tous ses besoins sont satisfaits, pensez-vous; oui, ses besoins d'autrefois; mais aussitôt il en naît d'autres. Cet homme heureux commence à remarquer le contraste de sa fortune et de son éducation, et il en souffre. En sortant des affaires, il est entré dans un monde où presque tous les hommes sont plus instruits, plus délicats, plus élégants que lui. Entre personnes qui toutes sont affranchies des besoins matériel, c'est le mérite qui assigne des rangs. Du mérite, il en a, il l'a prouvé en faisant sa fortune, mais aussitôt l'affaire faite, le besoin de mérites nouveaux s'impose au riche.

Depuis qu'il a le temps de feuilleter sa bibliothèque, il découvre tous les jours une lacune dans son esprit. Depuis qu'il va dans les salons où l'on cause, il s'aperçoit que les gens de sa nouvelle condition savent plus et parlent mieux que lui. Depuis qu'il peut passer tous ses étés à la campagne, il reconnaît que la campagne est pour lui

un monde inconnu. Depuis qu'il est en position de
mettre la main, comme tant d'autres, aux affaires
publiques, il constate que là encore il lui faut tout
apprendre, sous peine de tomber sous le ridicule.
Bref, ce riche redevient plus pauvre qu'il n'a jamais été; car, aux besoins matériels qu'il n'a plus,
succède toute une légion de besoins intellectuels
et moraux, également impérieux et despoti-
ques, et bien plus difficiles à satisfaire. Lui aussi,
il connaîtra les heures de découragement, et il
dira plus d'une fois en jetant son livre : Si du
moins j'étais sûr que mon fils sera moins âne que
moi!

L'interminable série de nos besoins qui naissent
l'un de l'autre avec une intensité toujours crois-
sante nous condamne à cheminer de progrès en
progrès vers un but élevé que l'humanité ne doit
jamais atteindre. Car le jour où nous n'aurions
plus rien à perfectionner autour de nous ni en
nous, nous ne serions plus des hommes, mais des
dieux.

Il faut se l'avouer à soi-même et surtout ne s'en
pas désoler : la vie terrestre est une course sans
repos ni trève à la poursuite de l'impossible. Mais,
à mesure que nous allons, nous voyons croître
sous nos pas cette somme de biens utiles qui compose le patrimoine de l'humanité.

II

LES BIENS UTILES

L'utilité n'a pas besoin d'être définie. Toutefois il est bon de l'expliquer.

Il s'est écoulé bien du temps avant l'apparition de l'homme sur la terre. Les géologues affirment que notre petit globe a tourné sans nous autour du soleil pendant mille et mille siècles. En ce temps-là, la terre, la mer et l'air n'étaient utiles à personne, puisque personne ne vivait ici-bas. La création a produit une infinité de p'antes et d'animaux avant d'ébaucher les premiers hommes : ces plantes et ces bêtes, quelles que fussent leurs propriétés et leurs forces, étaient absolument inu-

tiles, parce que l'utilité, au sens où nous l'enten-
dons tous, indique le service qu'une chose peut
rendre à l'homme; il n'y a donc rien d'utile tant
que l'homme n'a pas fait son entrée dans le
monde.

L'homme naît : aussitôt tous les êtres se clas-
sent relativement à lui. Un animal féroce qui s'é-
lance sur lui pour le manger, entre dans la première catégorie des choses nuisibles; une plante
vénéneuse lui révèle ses propriétés funestes; les
ronces qui lui piquent les jambes, les moustiques
qui viennent pâturer sur son corps sont nuisibles
à divers degrés, suivant le mal qu'il en souffre ou
qu'il en redoute.

Les animaux craintifs que se sauvent à son approche, la plante qui ne le blesse ni ne le nourrit, le minerai enfoui qui s'étend sous ses pas en
filons invisibles, tout cela lui est indifférent ou
inutile.

L'utile, c'est tout ce qui lui rend la vie plus facile ou plus douce. Mais nous avons constaté ensemble, dans l'hypothèse du naufragé, que la nature par elle-même nous offre infiniment peu de
biens utiles. A part le sol qui nous supporte, l'air
que nous respirons et l'eau potable des rivières,
je ne crois pas que nous lui soyons redevables de
rien.

Nos premières ressources ou, pour parler plus juste, tous les biens de l'humanité sont des conquêtes du travail.

L'homme ne peut ni créer ni détruire un atome de matière, mais il peut rapprocher de sa personne et s'assimiler tout ce qui lui convient; il peut écarter tout ce qui le menace; il peut surtout adapter à son usage et tourner à son profit ce qui d'abord était indifférent ou même nuisible. Par le travail, il ajoute à tout ce qu'il touche un caractère d'utilité et s'annexe ainsi toute la terre, petit à petit.

L'utilité vient de l'homme et va à l'homme. Si nous ne créons pas les choses, nous créons leur utilité. Mais cela coûte. Rien pour rien. Nous ne sommes pas les enfants gâtés de la nature. Après avoir fait l'homme elle semble lui avoir dit : Je te confie à toi-même. On te donne en propriété tout ce que tu produiras.

Voulez-vous voir par quelques exemples comment l'homme se tire d'affaire et fabrique de l'utilité?

Si, dans une heure d'ici, en sortant de chez vous, vous rencontriez un lion féroce au bas de votre escalier, vous n'hésiteriez pas à le considérer comme un animal nuisible. Est-ce vrai?

Mais grâce au travail énergique de plusieurs

générations, les lions, expulsés de l'Europe, n'ont plus de domicile qu'en Afrique. La distance qui vous en sépare vous permet de les regarder comme indifférents.

Lorsqu'un homme adroit, brave, exercé, accomplit au péril de sa vie ce petit travail qui consiste à loger une balle entre les yeux d'un lion, l'animal n'est plus nuisible ni même indifférent et inutile. Sa peau brute vaut plus de cent francs; on en fera une descente de lit.

Supposez qu'au lieu de foudroyer la bête, un chasseur plus prudent, par un travail beaucoup plus compliqué, la fasse prisonnière et l'amène à Marseille dans une cage de fer. Le lion, rendu sur le quai, vaut une dizaine de mille francs.

Et si par un travail encore plus savant et plus long, un dompteur, un Batty apprivoise la terrible bête, le lion vaut trente mille francs pour le moins. La nature en a fait un animal dont on meurt; le travail vient d'en faire un gagne-pain, une chose dont on vit.

Toutes les races d'animaux domestiques qui nous donnent leurs services, leur lait, leurs œufs, leur laine et jusqu'à leur chair, ont commencé par être farouches, c'est-à-dire par mettre entre elles et nous une distance qui les rendait parfaitement inutiles. Le travail ne les a pas seulement apprivoisées, mais modifiées et refondues pour ainsi dire sur un nouveau plan tracé par l'homme.

L'homme fabrique à volonté des chevaux de fatigue et des chevaux de vitesse, des bœufs de labour et des bœufs de viande, des brebis de laine et des brebis de suif; des poules de ponte et des poules de broche, des porcs de chair et des porcs de graisse : d'un seul type de chien, il a tiré par son travail le lévrier et le bouledogue, le chien d'arrêt, le chien courant, le chien de trait, le chien de salon, le chien d'étagère, le chien de poche! Lorsque vous irez voir une exposition d'animaux vivants, quels qu'ils soient, rappelez-vous que l'art y est pour autant et la nature pour aussi peu que dans une exposition de tableaux.

Appliquez le même raisonnement à toutes les expositions d'agriculture, d'horticulture et d'arboriculture. Nos jardins, nos champs, nos forêts ne sont pas les chefs-d'œuvre de la nature, comme on le dit par ignorance, mais les chefs-d'œuvre du travail humain.

Toutes les fleurs doubles, sans exception, sont fabriquées par l'homme. Cueillez une églantine de haie et allez voir ensuite la collection de roses de Verdier : vous saurez ce que la nature nous donne et ce que l'homme en fait.

Tous les fruits charnus et savoureux que nous

mangeons sont œuvre d'homme. L'homme est allé
chercher en Asie et même plus loin les âpres sau-
vageons qui ressemblaient à nos pêches, à nos
cerises et à nos poires, comme une églantine ressemble à la rose *Palais de Cristal* ou au *Souvenir
de la Malmaison*.

Chacun de nos légumes représente non-seulement des voyages lointains, mais des siècles de
travail ingénieux et de perfectionnement opiniâ-
tre.

Ce n'est pas la nature qui a donné la pomme
de terre au pauvres gens de notre pays. C'est
l'industrie humaine qui est allée la chercher en
Amérique et qui l'a travaillée, modifiée, amélio-
rée, diversifiée et conduite par degrés au point
où elle en est : le tout en moins de cent ans.
Mais à ce siècle de culture il convient d'ajouter
tout le travail antérieur que les indigènes d'Amérique avaient consacré à la plante. Quand on nous
apporte les produits d'une terre lointaine, nous
sommes portés à croire que la nature seule en a
fait tous les frais. Mais l'Amérique était cultivée
de temps immémorial quand les Espagnols la dé-
couvrirent. L'homme y avait donc modifié la nature à son profit comme en Europe et partout.

Le blé, tel que nous le voyons, n'est pas un
présent de la nature. Il croît spontanément dans

la haute Égypte, mais il n'y donne qu'un grain maigre, chétif, impropre à la fabrication du pain. Il a fallu des siècles de siècles et une somme effrayante de labeur pour développer, enfler, nourrir cette admirable nourriture de l'homme. Vous a-t-on jamais dit que le blé se distingue des autres céréales parce qu'il renferme une quantité notable, souvent un quart de substance animalisée ? Ce gluten précieux représente la chair et le sang des mille générations qui se sont exterminées à la culture du blé.

Tandis que le travail ajoutait l'utilité la plus précieuse à ce grain dont chacun de nous consomme trois hectolitres par an, la pharmacie intervertissait l'emploi de cinquante poisons végétaux et les tournait au profit de notre espèce. Non-seulement l'homme ajoute une dose d'utilité à ce qui n'en avait point par nature, mais il change le mal en bien.

Pendant combien de siècles le fluide électrique a-t-il tenu sa place au nombre des fléaux ? Nous ne le connaissions que par les effets redoutés de la foudre.

Franklin découvre le paratonnerre et nous donne à tous le moyen de neutraliser ce grand mal. Une force éminemment nuisible devient indifférente à l'homme prudent et sage. La sécurité

devant l'orage est désormais le prix d'un travail
facile et peu coûteux.

Mais l'homme s'arrêtera-t-il en si beau chemin?
Non. A peine a-t-il dompté cette puissance enne-
mie qu'il entreprend de la réduire en domesticité.
La foudre, arrachée par Franklin aux mains du
vieux Jupiter, devient un outil du progrès. Nous
l'employons à transmettre nos pensées, à repro-
duire nos œuvres d'art, à dorer nos ustensiles, et
nous l'obligerons bientôt à nous rendre mille autres services. Avant un demi-siècle, on verra l'é-
lectricité, de plus en plus soumise, nous fournir
du mouvement, de la lumière et de la chaleur à
discrétion.

Voulez-vous maintenant étudier avec moi comment le travail humain, se surajoutant sans cesse
à lui-même, accroît à l'infini l'utilité de tous nos
biens?

Une mine de fer invisible, ignorée, ne rend aucun service aux hommes qui la foulent.

Le jour où un géologue, par le travail de son
esprit, devine sous nos pieds cette source de
biens utiles, le sol qui la recèle prend un certain
accroissement de valeur.

Lorsqu'un sondage laborieux a constaté la présence du minerai, l'espérance se change en certitude et le prix du terrain s'accroît encore.

L'exploitation par le travail amène sur le car-
reau de la mine quelques tonnes de pierres
rougeâtres qui contiennent du fer. Cette matière
n'est pas actuellement plus utile que les cailloux
du torrent voisin ; cependant elle a plus de valeur, car on sait que le travail en tirera des choses plus profitables à l'homme.

On travaille ce minerai et l'on en fait sortir la
fonte, qui vaut mieux.

On travaille la fonte et, par affinage, on en tire
le fer, qui est meilleur.

On travaille le fer, et par la cémentation, on le
transforme en acier.

On travaille l'acier et l'on en fait mille choses·
directement utiles à l'homme.

L'utilité de ces derniers produits croît en raison
directe des sommes de travail que les hommes y
ont dépensées. Une enclume de 1000 kilogrammes
est moins utile que 1000 kilogrammes de limes
taillées ; elle coûte moins de travail.

Mille kilos de limes coûtent bien moins de travail que mille kilos de ressorts de montre ; ils
enferment en eux-mêmes une moindre somme
d'utilité.

Vous comprenez facilement que si l'enclume fabriquée en un jour contenait autant d'utilité et
valait aussi cher qu'un tonneau de ressorts de

montre dont la fabrication coûte plusieurs mois,
tout le monde aimerait mieux fabriquer des en-
clumes, et personne ne se fatiguerait à laminer
des ressorts de montre.

Ce n'est ni un décret, ni un arrêté, ni une loi
politique, qui a disposé les choses de cette façon ;
c'est la nature elle-même.

Il est nécessaire, indispensable, fatal, que le
travail augmente incessamment l'utilité des choses
et que les hommes les achètent au prix d'efforts
plus grands lorsqu'ils les savent plus utiles.

Non-seulement, l'utilité n'existe que relativement à l'homme, mais elle varie incessamment
avec nos besoins naturels ou artificiels.

Un poêle est inutile au Sénégal ; un appareil à
fabriquer la glace est inutile au Spitzberg. Aux
yeux d'un serrurier, les tenailles sont un objet de
première nécessité ; une duchesse n'en a que faire.
En revanche, un petit chapeau qui ne lui couvre
pas la tête lui est plus utile que soixante paires
de tenailles, car elle en a besoin pour se promener au Bois dans sa voiture ; et elle le paye en
conséquence. L'agréable et l'utile se confondent
incessamment dans les civilisations avancées : j'ai
dit pourquoi en vous montrant que nos besoins
croissent avec nos ressources.

Le temps et la distance augmentent ou rédui-

sent l'utilité de nos biens. Une chose que vous
avez sous la main vous est plus utile que si elle
était à dix lieues. A dix lieues, elle vous est plus
utile que si elle était en Amérique. Plus la distance qui vous en sépare est grande, plus vous
avez de travail à faire pour en jouir; il faut en
payer le transport ou l'aller chercher vous-même.
Cette fatigue ou cette dépense équivalent au travail qu'il faudrait faire, par exemple, pour changer du fer en acier. Mille francs à Paris valent
mieux pour un Parisien que mille francs à Bruxelles : mille francs à Bruxelles valent mieux que s'ils
étaient à New-York.

De même, mille francs qu'on vous donne aujourd'hui vous sont visiblement plus utiles que
mille francs qu'on doit vous donner dans dix ans.
Mille francs à toucher dans dix ans sont plus utiles et valent plus que mille francs dont l'échéance
serait remise à cinquante ans. La rentrée a beau
être sûre et solidement garantie : il s'agit d'une
utilité relative à votre personne, et vous n'êtes
pas sûr de vivre assez pour jouir d'un bien si longtemps différé.

L'utilité la plus visible à tous les yeux est celle
qui réside dans les choses matérielles. L'homme
comprend sans nul effort qu'un perdreau dans le
carnier est plus utile que le même perdreau volant

en plaine; et qu'il sera plus utile encore au sortir
de la broche. Personne n'a besoin de vous dire
que le chasseur d'abord et la cuisinière ensuite
ont ajouté une plus-value à l'animal. Si je place
devant vous une tonne de fonte brute, qui vaut 50
francs, et une tonne d'aiguilles fines qui en vaut
90 000, vous percevez d'emblée l'énorme supplément d'utilité que le travail des hommes a ajouté
au métal.

Mais il y a d'autres biens dont l'utilité ne saute
pas aussi directement à nos yeux, quoiqu'elle soit
au moins aussi grande. Une idée impalpable,
invisible, impondérable est souvent plus utile
qu'une montagne de biens visibles à l'œil nu.
L'homme est un corps pensant : ses mains ont
fait beaucoup pour rendre la terre habitable, mais
son cerveau a fait cent fois davantage.

Supposez qu'un grand travailleur ait transformé
en acier mille millions de kilogrammes de fer.
Aurait-il produit dans sa vie autant d'utilité que
l'inventeur de la cémentation, celui qui a donné
à tous les hommes le moyen de transformer le
fer en acier ?

Celui qui transporterait une montagne à dix
lieues produirait moins d'utilité que l'inventeur
du levier. Car en nous apprenant une simple loi
de mécanique on nous met en mesure de trans-

porter cent montagnes, si bon nous semble, avec moins de dépense et d'effort. On réalise une économie qui profitera éternellement à tous les hommes nés et à naître.

Si Pascal avait dit aux hommes de son temps : « Je suis riche, j'ai cent lieues de pâturage autour de Montevideo et mille navires sur l'Atlantique ; j'ai fait venir un demi-million de chevaux que je vous donne et qui travailleront pour vous jusqu'à leur mort, » Pascal aurait été moins utile au genre humain, que le jour où, dans son cabinet, il inventa la brouette.

Les hommes de cabinet, par une série de découvertes greffées l'une sur l'autre, nous ont donné toutes les machines qui abrègent et facilitent le travail. L'Angleterre possède à elle seule cent millions de chevaux-vapeur qui s'essoufflent au profit de 30 millions d'hommes.

L'histoire de la civilisation peut se résumer en six mots : plus on sait, plus on peut.

A mesure que la science et le raisonnement simplifient la production, la quantité des biens produits tend à s'accroître; sans augmentation de dépenses; le travail fait vient en aide au travail à venir.

' L'outillage du genre humain n'est pas autre chose qu'une collection d'idées. Tous les leviers

s'usent à la longue, et toutes les brouettes aussi ;
les machines à vapeur ne sont pas éternelles, mais
l'idée reste et nous permet de remplacer indéfiniment le matériel qui périt.

Il suit de là que le premier des biens utiles à
l'homme, c'est l'homme.

Vous êtes d'autant plus utile à vous-même que
vous êtes plus instruit, meilleur et pour ainsi dire
plus perfectionné. Le développement de vos facultés personnelles vous permet aussi d'être plus
utile aux autres et d'en obtenir plus de services
par réciprocité.

III

LA PRODUCTION

Il y a un axiome qu'on ne vous redira jamais assez souvent ni assez haut; le voici :

« Aucun homme, unît-il la force d'Hercule au génie de Newton, ne peut ni créer ni anéantir un milligramme de matière. »

J'insiste sur ce point, parce que nous sommes tous enclins à nous exagérer notre puissance et à nous prendre pour des dieux.

Chaque fois qu'il nous arrive d'inventer un tournebroche ou d'aplanir une taupinière, nous nous enflons d'orgueil et nous disons, suivant le cas : J'ai créé! ou : J'ai anéanti!

Soyons modestes, et déclarons de bonne foi que les plus grands efforts de l'homme n'aboutissent qu'à produire une abstraction : l'utilité.

Je n'ai pas l'intention de vous promener à travers les nuages de la métaphysique ; aussi vais-je d'emblée aux exemples et aux faits.

Le pêcheur qui drague un cent d'huîtres au fond de la mer n'a pas créé une seule huître. Cependant, s'il était resté dans son lit, au lieu de s'embarquer dès la pointe du jour, les cent huîtres seraient, par rapport à nous, comme si elles n'existaient pas. Elles demeureraient absolument inutiles : c'est le pêcheur qui, par son travail, leur ajoute un caractère nouveau, appréciable à tous les hommes et que l'on appelle utilité. Il n'a donc pas créé les huîtres, mais, à ses yeux comme aux nôtres, il a fait une chose équivalente en créant leur utilité. A ce titre, il est producteur.

Si toutes les huîtres qui se draguent dans l'année étaient consommées sur place au bord de la mer, l'habitant de Paris se soucierait fort peu de cette production. Les huîtres, à ses yeux, seront chose inutile, tant qu'on ne les mettra pas à sa portée pour qu'il en jouisse. Donc le voiturier qui les prend à Granville pour les amener à Paris leur ajoute une nouvelle dose d'utilité, crée une utilité nouvelle relativement au consommateur parisien. En ce sens, il est producteur comme le marin qui a traîné la drague au fond de la mer. L'un s'est donné du mal pour amener en haut ce qui était en bas; l'autre s'est fatigué pour amener au sud ce qui était au nord. L'écaillère vient ensuite, et, prenant son couteau, elle ajoute au produit du pêcheur et du voiturier un nouveau genre d'utilité sans laquelle vous n'auriez jamais connu le goût des huîtres. Essayez une fois d'ouvrir sa marchandise vous-même, et osez dire ensuite que la bonne femme ne produit rien!

Tout travail logique est productif; tous les travailleurs sont des producteurs. Le marin serait un grand fou s'il faisait ce raisonnement que j'ai entendu bien des fois :

« Le voiturier et l'écaillère ne sont que des parasites. Ils vivent sur mon travail; ils exploitent à leur bénéfice un produit que j'ai créé. »

Non! tu n'as rien créé, mon ami! Tu as rapproché du consommateur un aliment qui était loin de lui. Un autre l'a porté un peu plus près de nous; un autre l'a placé sur notre table et sous notre fourchette : tous ceux qui ont travaillé à rendre ta marchandise plus utile sont producteurs au même titre que toi.

Le paysan dit : J'ai fait cent hectolitres de blé, et il semble à première vue qu'il ait tiré du néant

cette récolte. Il n'a fait en réalité que réunir sous
la forme la plus utile à l'homme des éléments
qui existaient tous, mais inutiles, impropres à la
consommation, épars dans l'air, dans l'eau, dans
la terre, dans le fumier. C'est bien lui qui a créé
l'utilité contenue dans son blé, car ce blé n'exis-
terait pas en tant que blé si le bonhomme n'avait
labouré, semé, hersé, sarclé, moissonné et battu
en grange. Mais le meunier qui produit la farine
et le boulanger qui produit le pain ne sont pas
les parasites du laboureur; ils sont des fabricants
d'utilité, comme lui.

L'éleveur fait des bœufs, en ce sens qu'il provoque leur naissance, surveille leur croissance et
fournit leurs aliments. Mais il n'a pas créé un
atome de leur corps; il n'a fait que présider à ce
phénomène naturel qui transforme cinq cents kilogrammes de bon fourrage vert en un kilogramme de viande. Il a produit une dose incontestable
d'utilité, je le déclare. Mais l'homme d'abattoir qui
tue le bœuf et le découpe en quartiers; mais l'é-
talier qui le débite en petites fractions et vous
dispense d'acheter tout un bœuf pour mettre le
pot-au-feu, produisent une utilité aussi positive
que l'éleveur lui-même.

Transformer une chose inutile en chose utile,
c'est produire.

Transformer une chose utile en chose plus utile, c'est produire.

Transporter, c'est produire.

Diviser, c'est encore produire.

De ces quatre propositions, les deux premières n'ont pas besoin d'être démontrées. Tout le monde est d'avis que le chasseur, le pêcheur, le mineur, l'agriculteur exercent des industries essentiellement productives. Personne ne conteste le titre de producteur au meunier, au boulanger, au drapier, au tailleur, au maçon, au forgeron, à ceux qui donnent la seconde, la troisième et même la centième main aux matières premières.

Une demi-minute de réflexion vous fera comprendre que l'industrie des transports est aussi productive qu'aucune autre. Supposez qu'on vous donne à choisir entre deux pains de sucre égaux en poids, en couleur, en saveur, mais dont l'un vous attend chez l'épicier d'en face et l'autre est resté en dépôt dans un magasin de Marseille. Vous n'hésiterez pas à choisir celui qui est à votre porte, et vous vous moqueriez si je vous demandais pourquoi. Pourquoi? mais parce qu'il a une qualité qui manque à l'autre : il est près, l'autre est loin; il est sous votre main, l'autre est hors de vue. Ce seul fait entraîne un tel accroissement d'utilité que vous aimeriez mieux abandonner un bon morceau do celui-ci que d'aller chercher l'autre. Or, s'il est évident que la distance fait perdre aux choses une partie notable de leur utilité, vous avouerez qu'on les rend plus utiles en les rapprochant de nous et que transporter c'est produire.

Donc le commerce et l'industrie font une seule et même besogne, malgré leurs outillages et leurs procédés différents. Extraire le thé de sa Chine natale ou extraire le plomb de son minerai natal, c'est aller au même but par des chemins divers.

L'été prochain, la glace à rafraîchir sera peut-être rare à Paris. Quelques industriels vous la fabriqueront au moyen d'appareils ingénieux; quelques marchands iront vous la chercher en Norvége. Si vous avez le choix entre un kilo de glace naturelle, apportée par le commerce, et un kilo de glace artificielle fabriquée par l'industrie, vous prendrez indifféremment l'un ou l'autre. L'industrie et le commerce auront, par des moyens différents, créé pour vous une utilité identique.

L'eau que vous employez pour tous les besoins de la vie ne peut être créée par aucun homme; mais l'industrie et le commerce sont également en mesure de vous la fournir. Soit qu'un puissant industriel la fasse monter chez vous par des conduits préparés à l'avance, soit qu'un modeste négociant venu d'Auvergne vous porte pour cinq francs les mille litres qu'il a payés vingt sous, l'utilité pour vous sera la même. L'industriel et le marchand vous mettent également sous la main un bien naturel qui abonde dans la rivière, mais qui sous aucun prétexte ne monterait seul à votre étage.

Faut-il donc le ranger parmi les producteurs, ce parasite porteur d'eau qui ose gagner quatre cents pour cent sur sa marchandise?

Oui certes! Et non-seulement lui, mais tous ceux qui nous vendent en détail les denrées que nous ne pourrions acheter en gros.

Il est trop évident que si je possédais un jardin vers le parc Monceaux; s'il me fallait cinquante mille hectolitres par année pour irriguer un hectare de pelouses, je ne m'amuserais pas à payer l'eau deux sous la voie. En pareil cas, on fait sa provision en gros.

On achète le vin en gros, et aux prix du gros, si l'on a une cave pour le loger et si l'on peut payer la pièce entière. De même un chef d'institution qui fait faire la cuisine pour deux ou trois cents jeunes gens, achète un lot de poisson à la halle et prend plusieurs moutons à la criée. Mais que deviendrait l'artisan, le petit bourgeois, l'ouvrier célibataire, si, à la fin de sa journée, il ne pouvait manger la soupe sans acheter un bœuf,

boire un verre de vin sans acheter le double hectolitre, prendre sa demi-tasse sans payer une
balle de café ! Les détaillants qui font tous le même commerce que le porteur d'eau, sans toutefois gagner quatre cents pour cent comme lui,
nous rendent un service immense. Ils produisent
une utilité spéciale qui consiste à mettre trente
grammes de café au service de la ménagère qui
n'en peut payer cinquante kilos, à donner une
côtelette à l'homme qui ne pourrait acheter le
mouton tout entier.

Tant mieux pour vous si vous êtes assez riche et
assez grandement logé pour n'avoir nulle affaire
avec les détaillants d'aucune sorte ! Mais pour la
grande majorité des hommes, dans l'état actuel
du monde, ils produisent la plus indispensable
des utilités. C'est dans ce sens que j'ai dit plus
haut : diviser c'est produire.

Mais la liste des producteurs n'est pas épuisée,
et il me reste à établir les propositions suivantes :

Guérir, c'est produire.

Enseigner, c'est produire.

Charmer, c'est produire.

Assurer, c'est produire.

Après quoi, je ne désespère pas de vous prouver,
contrairement à toutes les déclamations de l'envie, que prêter, c'est produire.

M'accordez-vous qu'entre les biens utiles à l'homme le plus utile est l'homme lui-même?

Avez-vous accepté le calcul des économistes qui disent : C'est à partir de sa vingt-septième année que l'individu rembourse les avances de la société?

Pensez-vous, comme J. B. Say et tous ceux qui raisonnent, que le difficile n'est pas de procréer des enfants, mais de les amener à l'âge d'homme?

Alors vous devez reconnaître que l'art médical, en organisant la lutte contre les causes de destruction qui nous menacent dès la naissance, produit sur terre une somme incalculable d'utilité. Notre vie, selon la définition de Bichat, est l'ensemble des forces qui luttent en nous contre la mort. La nature réclame à toute heure les éléments dont notre corps est fait; notre existence n'est qu'un emprunt militant, continu, renouvelé sans cesse : on ne saurait coter assez haut cette belle industrie médicale qui protége l'être humain contre tout un monde conjuré.

Parmi les hommes que vous connaissez, en est-il beaucoup que la science n'ait au moins une fois dérobés à la mort? Partez de là, et dites si le médecin est un plus piètre producteur que l'ébéniste ou le tailleur de pierres?

J. J. Rousseau et tous ceux qui nous ont mis l'eau à la bouche en célébrant l'état de nature,

sont de détestables plaisants. L'état de nature est
pour l'homme un état de malpropreté, de privations, de maladies sans nombre et de mort prématurée. Nous connaissons encore un certain
nombre de peuplades qui vivent dans l'état de nature. La vie moyenne, sous les climats les plus
doux, est chez elle de douze à treize ans. On vit
trente-neuf ans en moyenne chez les peuples civilisés de l'Europe. Sans sortir de nos pays, nous
pouvons constater une différence sensible entre la
vie et la santé du paysan mal soigné, et celle du
citadin qui loge à la porte de Robin et de Né-
laton.

Cela dit, j'aime à croire que vous ne refuserez
pas d'inscrire le médecin au premier rang sur la
liste des producteurs.

Si vous accordez cet honneur aux hommes qui
nous guérissent, vous ne pouvez le refuser aux
gens de bien qui nous instruisent. Plus on sait, plus
on peut, nous l'avons déjà dit. Faire des hommes
instruits, c'est faire des hommes utiles, et celui
qui nous donne le moyen d'être utiles, n'est il pas
utile avant nous?

Voici ce que je lis dans un traité de morale pratique, qu'il ne m'appartient pas de juger en bien
ni en mal :

« Celui qui a planté un arbre avant de mourir

n a pas vécu inutile. C'est la sagesse indienne qui le dit. L'arbre donnera des fruits, ou tout au moins de l'ombre, à ceux qui naîtront demain, affamés et nus. Celui qui a planté l'arbre a bien mérité ; celui qui le coupe et le divise en planches a bien mérité ; celui qui assemble les planches pour faire un banc a bien mérité ; celui qui s'assied sur le banc, prend un enfant sur ses genoux et lui apprend à lire, a mieux mérité que tous les autres. Les trois premiers ont ajouté quelque chose au capital commun de l'humanité ; le dernier a ajouté quelque chose à l'humanité elle-même. Il a fait un homme plus éclairé, c'est-à-dire meilleur[1]. »

Rappelez-vous aussi que le fonds de la civilisation se compose d'outils immatériels, c'est-à-dire d'idées. On peut mettre à la fonte tous les leviers qui existent aujourd'hui ; on peut jeter au feu tous les haquets et toutes les brouettes, disloquer toutes les machines à vapeur, démonter tous les télégraphes : la science, qui est l'âme de tous ces engins utiles, survivrait à leur destruction et les remplacerait en quelques jours.

Donc le travail de tête, comme on dit vulgairement, est pour le moins aussi productif que le tra-

---

1. *Le Progrès*, Hachette, 1864.

vail des bras. Mettez en parallèle un bon gros maréchal qui ferre vingt-cinq chevaux dans sa journ-
née, et un petit vieux mathématicien chétif qui
aligne des chiffres et des formules sur le papier;
vous verrez que le plus grand producteur n'est pas
celui qui frappe fort.

Ce n'est pas tout. Les sciences et les arts produisent une utilité morale, étrangère et supérieure à
leurs applications pratiques. Les travaux qui ont
pour effet de redresser nos erreurs, de fortifier notre raison, d'élever notre esprit, d'améliorer notre
âme sont aussi productifs en leur genre que ceux
qui tendent à faire baisser le prix de la viande ou
du pain. L'astronome, le philosophe, le poète, le
peintre, le musicien, le sculpteur ne travaillent pas
pour satisfaire les besoins primitifs de l'homme,
mais ils servent des besoins aussi impérieux, chez
l'homme civilisé, que la faim et la soif. Chez l'homme
naturel, les besoins naturels sont tout, mais nous
ne sommes plus des hommes naturels. Dans notre
plus strict nécessaire il entre énormément de superflu. Nous avons besoin de souliers, de chemises et
de mouchoirs de poche; ce n'est pas la nature, mais
la civilisation et une civilisation très-raffinée, qui
nous impose ces nécessités-là. Nous avons besoin de
certitude, de poésie, de musique, de peinture, de comédie, de mille choses dont les hommes se sont

passés avant nous, et dont la grande majorité de l'espèce humaine se passe encore à côté de nous. Le Parisien qui a peiné toute une journée éprouve quelquefois le besoin de s'amuser. Dans ce cas, les auteurs et les comédiens qui l'amusent, lui rendent un véritable service : ils reposent son esprit, ils détendent ses nerfs, ils le rendent plus apte à bien travailler le lendemain. Le plaisir est chose utile, et celui qui fabrique notre plaisir est un producteur comme un autre.

Lorsque le pain coûte 25 centimes le kilogramme et que l'entrée à l'Exposition des beaux-arts coûte un franc, vous voyez chaque jour plus de mille individus donner quatre kilogrammes de pain pour une promenade de quelques heures le long des tableaux et des statues. Quand ils sortent de là, ils ont mangé par les yeux leurs quatre kilogrammes de pain. En ont-ils regret ? Non, car ils avaient déjeuné avant de venir, ils sont sûrs de dîner le soir; le besoin de nourriture leur parlait moins haut, à un moment donné, que le besoin de peinture. Le visiteur qui passe au tourniquet du Salon avoue implicitement, en donnant ses vingt sous, que la production des artistes contemporains lui paraît plus utile à regarder pendant une heure que quatre kilos de pain à dévorer.

Quand Mlle Patti va chanter pour deux mille

francs dans le salon d'un financier, elle produit en ouvrant la bouche, une utilité rapide et fugitive, mais qui n'en est pas moins évaluée à deux mille francs par le maître du logis, qui sait compter. La jeune et brillante cantatrice produit réellement, en trois quarts d'heure, l'équivalent de quarante tonnes de fonte à 50 fr. les mille kilos. Le financier qui paye à ce prix quelques vibrations de l'air n'ignore pas que 40 000 kilos de fonte lui feraient plus d'usage. S'il préfère une denrée qui sera consommée aussitôt que produite, c'est qu'il compte en tirer une utilité d'un ordre spécial : le plaisir de ses invités, une réputation de bon goût et de magnificence, quatre lignes dans les journaux. Ces avantages, qu'un maraîcher de Croissy ne voudrait pas troquer contre un panier de carottes, valent deux mille francs à l'estime du financier.

Nous avons vu, dans un temps, les fauteuils du Théâtre-Italien se louer 16 francs par soirée, juste quand l'hectolitre de blé tombait à 16 francs. Le spectateur de l'orchestre, dans l'espace de deux à trois heures, consommait par les oreilles l'équivalent d'un hectolitre de blé, c'est-à-dire le pain qu'un homme moyen absorbe en quatre mois. Pourquoi acceptait-il sans marchander un tel sacrifice ? Parce que l'utilité spéciale produite par le compositeur, le directeur du théâtre et les exécutants, satisfaisait

les besoins de son dilettantisme, comme un hectolitre de blé apaise la faim d'un paysan.

La plupart des économistes ont une tendance à
mépriser l'agréable et à lui dénier toute espèce d'u-
tilité. Ils oublient que l'utilité est toujours relative
aux besoins présents de l'homme, et non de tous
les hommes en général, mais de tel homme en particulier. Pour le malheureux affamé, un pain est
plus utile qu'un cigare ; pour l'agent de change qui
sort de table, un cigare est infiniment plus utile
qu'un pain.

J. B. Say, qui était un homme de grand sens,
mais qui vivait dans une époque un peu étriquée, ra-
baisse trop volontiers l'utilité des choses agréables.
Il n'admet pas que les lampes allumées dans un
salon produisent la même somme d'utilité que les
lampes allumées dans un atelier. Il insiste sur l'inutilité des laquais ; il est sévère en général pour
les *produits de luxe* et les *superfluités*, comme il dit;
il croit que neuf fortunes sur dix se font dans le
commerce des denrées de première nécessité.

La vérité est que l'éclairage d'un salon produit
une utilité d'un autre ordre que l'éclairage d'un
atelier, mais absolument égale aux yeux du maître
de la maison. Si vous brûlez pour cinq francs d'huile
et pour dix francs de bougie le soir où vous recevez
vos amis, vous n'espérez pas que la valeur du pro-

duit consommé ressuscitera sous une autre forme
dans un autre produit échangeable ; cependant vous
payez la même somme, et d'aussi bon cœur, que
l'industriel qui éclaire ses ouvriers. C'est que le plaisir produit par cet éclairage équivaut pour vous,
dans le moment, à toute autre utilité qu'il aurait
pu produire.

Un laquais fait moins de besogne qu'un serrurier.
Croiser les bras derrière une voiture, croiser les
jambes sur une banquette d'antichambre, voilà, je
l'avoue, un sot travail dont les produits n'enrichi-
ront jamais le genre humain. Mais s'ensuit-il que
le laquais soit inutile au maître qui lui paye ses
gages? S'il ne produisait pas la satisfaction d'un
besoin artificiel et même ridicule, mais réel, est-
ce que personne aurait des laquais? Le maître a
calculé le produit et la dépense qu'un laquais peut
ajouter à son train de maison. Le maître sait compter; peut-être a-t-il travaillé quarante ans de sa vie
pour obtenir le droit de jouer stupidement au
grand seigneur. Rien ne me prouve qu'il n'a pas
été entrepreneur de serrurerie. Le jour où il engage un laquais, il sait bien que ce garçon ne
produira pas le même genre de services qu'un
compagnon serrurier, mais il en espère autre
chose. « Mon ami, dit-il au laquais, j'ai trois cent
mille livres de rentes et l'usage qui régit les

Français très-riches me condamne à m'entourer de quelques fainéants bien vêtus. C'est un besoin qui m'est venu avec la fortune, veux-tu m'aider à le satisfaire? Prends-tu l'engagement de ne pas travailler chez moi ? Tu pourrais employer ton temps à faire des serrures; je te l'achète, je te paye toutes les serrures que tu ferais si tu n'étais à mon service. Non-seulement tu ne travailleras pas, mais je travaillerai pour toi, ou du moins je te nourrirai sur le travail que j'ai accumulé en ma vie : tant j'estime le service que tu vas me rendre en donnant à mon antichambre un faux air de faubourg Saint-Germain ! »

A mesure qu'un peuple se civilise et s'enrichit, ses besoins artificiels croissent en nombre et en exigence, le superflu lui devient plus nécessaire et la clientèle des industries du luxe s'élargit. Et la production des objets de luxe, dès qu'elle trouve un assez large débouché, rend des bénéfices énormes : il y a plus à gagner sur les caprices d'un seul riche que sur la faim et la soif de quarante pauvres gens.

Il est juste d'assimiler aux producteurs tous ceux qui par leur industrie empêchent la destruction en assurant la conservation des biens produits. Assurer, c'est produire.

Vous connaissez le proverbe : Un *tiens* vaut

mieux que deux *tu l'auras*. Les proverbes ne sont
pas à dédaigner; ils expriment presque toujours,
sous la forme la plus nette, une vérité de sens
commun.

Un édifice incombustible vaudrait plus, à mérite égal, qu'un bâtiment exposé à tous les risques d'incendie.

Un capital serré dans les caves de la Banque
a plus de prix que le même capital aventuré
sans gardien dans les montagnes de la Calabre.

Un héritage incontesté a plus de valeur que
s'il était attaqué en justice.

La cargaison rendue au port représente une
plus grosse somme que lorsqu'elle flottait au
large, exposée à toutes les incertitudes de la
mer.

Si vous rentrez du cercle à deux heures du
matin, avec cinquante mille francs dans la poche,
vos cinquante mille francs sont plus à vous, et par
conséquent valent plus pour vous dans les rues
où le sergent de ville est à demeure, que dans
la plaine de Montrouge où la police ne brille
guère que par son absence.

Tous les biens sans exception, y compris la
vie humaine, ont plus de prix sous le régime des
lois que sous le régime de l'arbitraire et de la
violence. L'histoire nous fait connaître des temps

et des pays où les hommes n'attachaient plus qu'une valeur insignifiante à leurs possessions et répandaient leur sang même comme de l'eau, tant le despotisme d'un Tibère avait déprécié toutes choses. Un hectare de terrain vaut cent fois plus dans le plus maigre canton de la France que dans le paradis le plus fertile de l'Abyssinie, parce que la propriété est aussi fortement garantie chez nous qu'elle l'est peu dans ce royaume d'Afrique.

Chez les peuples les plus civilisés de l'Europe, il est facile de constater qu'un bruit de guerre, fût-il sans fondement, déprécie tous les produits du travail. Pourquoi? Parce que la guerre, outre qu'elle fait partout des ruines, remet en question les choses les mieux acquises ; il n'y a de biens solides qu'en temps de paix.

C'est pourquoi tous les hommes qui ont pour industrie d'assurer contre la destruction les produits de notre travail sont les collaborateurs de la production générale. L'avocat qui défend vos droits, le législateur qui les formule, le magistrat qui les consacre, le gendarme qui les venge, sont producteurs au même titre que le laboureur et l'ouvrier des villes. Prendre un loup qui vous mangeait un mouton chaque nuit, c'est ajouter trente moutons par mois à votre bergerie. Les soldats qui protégent nos frontières contre l'étranger ne sont pas des parasites, quoiqu'ils vivent de votre travail et du mien. La solde que nous leur payons est une prime contre l'invasion. Nous passons avec eux un marché où ils risquent plus que nous, car nous ne sacrifions jamais qu'une partie de notre revenu, et ils donnent souvent leur vie.

Je ne parle pas ici des *Assurances* proprement dites, parce que j'ai l'intention de leur donner une place à part. Elles n'ont pas pour objet d'empêcher la destruction des produits, mais de les reconstituer par un procédé ingénieux au fur et à mesure qu'ils périssent.

Il me reste à prouver une dernière proposition que les vrais économistes admettent comme axiome incontestable, mais que l'école paradoxale a niée tant qu'elle a pu depuis environ vingt ans. Quoi qu'on ait pu vous dire et vous prêcher sur ce point, j'espère vous démontrer facilement que prêter, c'est produire.

Supposez qu'un habile ouvrier ou un savant contre-maître, comme on en rencontre plus ou moins dans tous les métiers, invente un procédé nouveau, plus simple et plus économique que tous les autres. Sa fortune est faite, s'il trouve les moyens d'exploiter sa découverte. Qu'on lui donne cent mille francs pour monter une fabrique, il

sera millionnaire avant dix ans. Mais en attendant, il est pauvre; il n'a pas même les cent
francs qu'il faut verser en prenant un brevet.
De deux choses l'une : ou il ne trouvera point de
crédit et son invention sera perdue pour les autres et pour lui-même, ou un capitaliste lui avan-
cera les cent mille francs dont il a besoin. Dans
ce cas, le prêteur a-t-il ou non collaboré à la fortune qu'on va produire? Oui, car elle naîtra du
mariage d'une idée et d'un capital; oui, car le
million serait éternellement resté dans les limbes
si personne n'eût fait la première mise de fonds.

Transportez la question dans le commerce, dans
l'agriculture, où bon vous semblera. Un modeste
employé de rayon se sent apte à réussir dans une
grande affaire. Mais il faut de l'argent, beaucoup
d'argent aujourd'hui, pour monter une maison
solide; le pauvre garçon n'a que ses appointements et ses petites économies. Plus il est jeune,
plus il est pauvre. Si personne ne lui fait l'a-
vance du capital nécessaire, il végétera au service d'autrui jusqu'à la fin de ses jours. Le brave
homme qui lui confie cent mille francs, est-il ou
non l'auteur de sa fortune? Oui, pour moitié, car
s'il est vrai de dire que les cent mille francs ne
se seraient pas décuplés sans le travail du jeune
commerçant, il est également certain que ce gar-

çon si bien doué n'aurait jamais produit un million par ses propres forces, sans l'assistance du
prêteur.

Voici maintenant un élève de Grignon qui a
montré, dès l'école, les aptitudes d'un cultivateur
distingué. Que lui manque-t-il pour exercer son
talent d'une manière utile aux autres et à lui-
même et faire une petite fortune dans l'agriculture? Deux conditions indispensables : 1° un prêteur qui lui confie une terre à cultiver; 2° un
deuxième prêteur qui lui avance le capital requis
pour l'exploitation de sa ferme. Si l'on ne lui
prête rien, ou si l'on ne lui prête qu'un des deux
instruments, soit la terre sans le matériel d'exploitation, soit le matériel d'exploitation sans la
terre, son bon vouloir et son talent seront à
jamais paralysés. Est-ce clair? Prendriez-vous
fait et cause pour cet agriculteur si, après vingt
années d'un travail assidu et heureux, il disait :

« J'ai produit à moi seul les récoltes de ces
vingt années. Depuis vingt ans, je sue du matin
au soir sur cette ferme; le propriétaire n'y a pas
mis la main, il n'est pas même venu nous encou-
rager d'un coup d'œil. Mon bailleur de fonds, pas
davantage; l'un et l'autre s'amusent à la ville,
tandis que je m'extermine pour eux. En vertu du
travail que j'ai fait à moi seul, tandis que les au-

tres se croisaient les bras, le revenu de cette terre doit être entièrement à moi. » Votre bon sens, à vous qui êtes désintéressé dans l'affaire, contre-signerait-il un pareil argument ? Non certes ; vous diriez au fermier : « Tu te trompes. Ceux qui t'ont mis en main les moyens de produire sont producteurs à un autre titre, mais au même degré que toi. Le premier était maître de laisser sa terre en friche, puisque la propriété, dans sa définition légale, est le droit d'user et d'abuser. Le second était libre de gaspiller follement tous ses capitaux en dix-huit mois, comme tant de jeunes gens à la mode ; ou de laisser l'argent dans un coffre et d'y prendre au jour le jour la somme nécessaire à ses besoins. Personne n'aurait pu leur imposer une conduite plus sage, car le droit de propriété, comme nous l'expliquerons bientôt, est absolu. Donc le capitaliste et le propriétaire foncier ont collaboré, sans sortir de chez eux, à la production de tes récoltes. Ils y ont trouvé leur compte, j'en conviens, mais toi aussi ; et de part et d'autre c'était justice. Ils ne t'ont pas prêté leur terre et leur argent pour te rendre service, mais pour se servir eux-mêmes ; et toi, tu n'as pas travaillé pour leur payer des rentes, mais pour t'en faire autant que possible. Tous les producteurs produisent en vertu du même principe, qui est l'intérêt personnel bien

compris. Le boulanger ne pétrit pas le pain pour
nourrir les autres hommes, mais pour gagner son
pain lui-même et manger à son appétit. Le maçon
ne bâtit pas pour loger le prochain, mais pour
payer son terme.

Mais si prêter est synonyme de produire, on peut
donc être à la fois un producteur et un oisif?

Oui.

Si vous répugnez à me croire sur parole, voici
un argument personnel qui, j'espère, vous paraîtra sans réplique.

Vous avez produit activement depuis l'âge viril
jusqu'à la soixantaine. Pendant ces quarante ans,
au lieu de consommer à mesure tous les fruits de
votre travail, vous en avez épargné une partie et
créé de cette façon un petit capital pour vos vieux
jours.

Combien vous reste-t-il à vivre? Vous n'en savez rien, ni moi non plus. Lorsqu'un homme a pu
et a su arriver à la soixantaine, personne ne peut
dire où il s'arrêtera. Votre épargne s'élève au
chiffre de 20 000 francs, ce qui paraîtra fort beau
si l'on songe que vous l'avez prélevée centime à
centime sur des gains ou des salaires fort limités.
La simplicité de goûts que vous avez eu l'esprit
de garder vous permettrait de vivre pour un millier de francs par an : vous pouvez donc, en gar-

dant vos écus dans un tiroir de commode, assurer
pour vingt ans votre modeste existence. Mais si
vous atteignez la centaine ! cela s'est vu. Il faudrait
donc mourir de faim, ou vous ensevelir dans un
hospice pour achever misérablement vos vingt dernières années ?

D'autre part, vous avez des enfants. Ils travaillent comme vous, ils gagnent leur vie à votre
exemple ; mais vous ne seriez pas fâché de leur
transmettre votre petit capital. Vous croyez même
que cet argent leur appartient en quelque sorte.
Pourquoi ? Pour deux raisons. D'abord, en leur
donnant la vie, vous avez contracté l'engagement
moral de leur rendre la vie aussi facile que possible, dans la limite de vos facultés. Ensuite, vos
enfants ont contribué dans une certaine mesure à
la production de votre épargne. Le bonheur d'être
père, la conscience de devoirs nouveaux, le désir
de voir prospérer cette famille a doublé votre énergie : vous avez travaillé de meilleur appétit que
si vous aviez été seul ici-bas. Plus de cent fois l'i-
dée des enfants vous a protégé contre une dépense
inutile ou nuisible ; vous vous êtes arrêté sur le
seuil du cabaret ou du café, en pensant aux petits.
Donc vous seriez bien aise de trouver une combinaison qui garantît indéfiniment le repos de votre
vieillesse sans déshériter ceux qui vous sont chers.

Sur ces entrefaites, un emprunteur se présente et vous dit:

« Monsieur, j'ai votre affaire. Le petit capital que vous avez amassé rapportera sans peine dix pour cent entre mes mains, dans une bonne industrie. Avec les instruments que la nature m'a donnés, je ne serais pas sûr de gagner mon pain quotidien; avec vingt mille francs, je me fais fort d'en gagner annuellement deux mille. La moitié du produit sera pour vous, comme il convient, puisque vous me fournissez un instrument indispensable, un outil sans lequel il me serait impossible ou difficile de vivre. »

L'offre vous paraît équitable, vous signez. Le travail fait vient en aide au travail à faire. Un homme qui, sans vous, n'aurait pu s'employer que comme journalier ou manœuvre, devient, par votre fait, artisan ou marchand. Vous vous réjouissez d'avoir pourvu à toutes vos nécessités futures sans faire tort d'un centime aux héritiers que vous aimez.

Mais supposez que, vingt ans après, votre emprunteur, grisé de paradoxes économiques, se présente chez vous avec tous vos reçus et vous dise : « Vous m'avez prêté en une fois 20 000 francs; je vous ai rendu, en vingt fois, 20 000 francs; nous sommes quittes. » Votre premier mouvement sera de crier au voleur ! « Non, répondrez-vous, nous ne sommes pas quittes; tu ne m'as pas rendu un centime de ce que je t'ai prêté. J'ai mis à ton service un instrument de production ; tu as, suivant nos conditions, et selon l'équité, partagé les produits avec moi ; mon capital me reste. Tu n'y saurais toucher sans commettre un sacrilége, car ces 20 000 francs sont faits des deux choses les plus respectables au monde, le travail et les privations d'un honnête homme. »

J'avoue que tous les genres de production ne sont pas également laborieux. Par exemple, un fils de famille qui possède dix maisons sur le pavé de Paris travaille moins dans sa journée que ses 150 ou 200 locataires. Le prêteur en général travaille moins que l'emprunteur; il gagne quelquefois autant, ou même davantage. Louer la terre au laboureur est moins pénible assurément que labourer la terre. Mais nous expliquerons, en parlant des capitaux, comment un homme peut hériter légitimement du travail de cent autres, et comment les plus pauvres d'entre nous sont eux-mêmes des héritiers sans le savoir.

Pour le moment, je me borne à faire ressortir une conclusion qui a son importance. C'est qu'un homme ne peut vivre sur terre qu'à la condition de produire.

Si vous n'avez trouvé aucun capital entre vos langes, vous êtes condamné à procurer la satisfaction de tous vos besoins par une production personnelle. Il faut que vous fassiez vous-même votre abri, vos vêtements, vos aliments et le reste, sous une forme ou sous une autre. Un laboureur ne fait pas ses habits, mais il fait plus de blé qu'il n'en peut consommer lui-même, et du surplus il s'achète des habits; un tailleur ne fait pas de blé, mais il fait plus d'habits qu'il n'en peut user dans sa vie, et du surplus il s'achète du pain. Tous les travailleurs de ce monde sont dans le même cas : vous voyez même des bijoutiers qui de leur vie ne porteront jamais un bijou, mais qui se fabriquent du pain, du vin, de la viande, des chapeaux, des chaussures, à force de polir et de ciseler le bijou.

Les héritiers du travail accompli, ou les capitalistes, ne peuvent s'assurer un revenu normal qu'en mettant leurs capitaux au service d'autrui, c'est-à-dire en servant sans fatigue, mais non sans utilité, les producteurs qui les entourent. L'intérêt leur commande de prêter toujours et toujours. Le propriétaire de maisons qui ne trouve pas de locataires est aussi gêné qu'un ouvrier sans ouvrage, et par la même raison. Il a besoin de produire pour vivre.

Vous me direz qu'il peut vendre son immeuble et placer l'argent qu'il en tirera. Oui, mais prêter des capitaux ou prêter des logements, c'est toujours rendre service, et par conséquent produire. Un capitaliste qui ne voudrait obliger personne et prendrait le parti de manger son capital au jour le jour, se nuirait surtout à lui-même. J'hérite de 100 000 francs ; une combinaison très-morale, et jugée telle par l'universalité du genre humain, me permet de consommer chaque année la vingtième partie de mon avoir (soit 5000 francs) sans diminuer d'un sou ma petite fortune. Pour arriver à ce résultat, je n'ai qu'une chose à faire : prêter mon capital aux hommes laborieux qui en ont besoin. Moyennant quoi, j'ai la certitude de jouir d'un revenu constant jusqu'à ma dernière heure, dussé-je vivre cent ans et plus ; je suis sûr de transmettre à mon fils le patrimoine que mon père m'a laissé ; j'ai la conscience d'être utile, sans bouger les bras, et de coopérer à la grande production du bien sur la terre.

Supposez que par un égoïsme poussé jusqu'à la folie, je refuse de mettre cet argent à la disposition des autres hommes. Je ne suis plus producteur et désormais je ne rendrai service qu'à moi-même. Mais quel mauvais service! Dans vingt ans, je serai totalement ruiné, sans avoir augmenté ma dépense. Les ressources me manqueront, juste au moment où elles me seraient le plus nécessaires. Mes enfants m'accuseront d'avoir anéanti sans profit pour personne la modeste provision de leur existence. La société me blâmera d'avoir détruit stupidement le produit d'un travail que je n'avais pas fait. Ma conscience me reprochera d'avoir désarmé le genre humain d'un outil de production et de richesse. Et je reconnaîtrai à mes dépens que le refus de produire est le suicide des capitaux.

Il y a cependant des hommes qui gaspillent leur capital au lieu de le prêter aux travailleurs.

Sans doute. Il y a aussi des insensés qui montent sur l'Arc-de-Triomphe et se précipitent du haut en bas. La société humaine ne peut pas toujours empêcher ces folies. Mais quand un homme est convaincu de monomanie suicide, on l'enferme à Charenton. J'y ai vu mettre un brave garçon qui ne pensait pas à se tuer, mais qui avait semé une partie de son patrimoine à pleines mains le long des Champs-Élysées. Les médecins déclarèrent qu'il était atteint de prodigalité incurable, et qu'il fallait le protéger contre lui-même.

On n'use pas de la même rigueur envers ces autres monomanes qui séquestrent leur capital dans

une armoire ou dans un trou. Ceux-là, pour se
donner de temps à autre le plaisir malsain de voir
et de toucher des métaux précieux, détiennent dans
la stérilité un instrument de travail. La manie de
thésauriser aboutit presque au même point que la
prodigalité. Dans un pays où 100 000 francs placés
à cinq se doublent en 14 ans et 75 jours, l'avare qui
enfouit cette somme dans son jardin fait la même
folie que messieurs les fils de famille quand ils
gaspillent 100 000 francs. Seulement, le prodigue dévore en un an, peut-être en six mois,
100 000 francs nés et acquis, tandis que le thésauriseur met 14 ans et 75 jours à manger par les
yeux 100 000 francs en herbe. A la fin de l'opération, le prodigue n'a plus 100 000 francs qu'il
avait; l'avare n'en a que 100 000 quand il devrait
en avoir le double; l'un a détruit 100 000 francs
réels et l'autre 100 000 francs virtuels : la folie de
ces deux hommes se solde en dernier lieu par un
chiffre identique.

Mais le thésauriseur est moins nuisible que le
prodigue : s'il empêche ses capitaux de produire,
du moins il les conserve tels qu'il les a reçus. Et
pour les conserver intacts au milieu des nécessités
incessantes de la vie, il est forcé de pourvoir à ses
besoins par un travail personnel. Ayez dix millions
enfouis dans votre cave, vous mourrez de faim

sur ce trésor si vous ne travaillez pas pour vivre. Plus vous vous obstinez à détenir un capital
improductif, plus vous êtes forcé de produire par
vous-même.

Heureusement il y a fort peu de capitalistes qui
refusent de prêter. Ceux qui préfèrent gaspiller
ou enterrer leur bien font exception et ne sauraient
en aucun cas faire école. Le trésor de l'avare devient productif à la mort de son maître. Les jeunes
insensés qui ont prodigué leur patrimoine se mettent tous à chercher un emploi, c'est-à-dire un
travail utile. Ils deviennent producteurs malgré
eux, sous peine de mourir de faim. Alors ils voient
par une douloureuse expérience combien il est difficile de produire la moindre chose par soi-même,
sans l'aide des capitaux, et ils se reprochent amè-
rement d'avoir détruit un de ces précieux instruments.

Toute la logique de la vie humaine est formulée
en trois mots : produire pour consommer. Notre
raison et notre justice se révoltent à l'idée d'un
homme qui consommerait perpétuellement sans
rien produire. Que les enfants consomment à crédit, tout le monde le comprend ; que les vieillards
achèvent de consommer ce qu'ils ont produit dans
l'âge viril, c'est justice ; que le travailleur se repose quand il est las et consomme en partie les

excédants de sa production, rien de mieux. Mais celui d'entre nous qui vivrait volontairement sur le travail d'autrui et prendrait part aux biens utiles sans y rien ajouter serait un véritable parasite.

IV

LES PARASITES

Les hommes, par un instinct d'équité, rendent hommage à ceux qui ont plus produit que consommé dans leur vie. Notre reconnaissance pour les grands producteurs en tout genre est un sentiment très-logique : ils ont accru l'héritage collectif du genre humain.

Nous considérons avec une indifférence absolue la multitude de ceux qui ont consommé l'équivalent de leur production totale : ils ont vécu pour eux sans rien faire ni pour ni contre les intérêts de la communauté.

On plaint ceux qui, malgré un labeur assidu et

une consommation modérée, n'arrivent pas à join-
dre les deux bouts et meurent insolvables. Cependant, pour peu qu'il y ait eu exagération dans
leur dépense ou relâchement dans leur travail, un
blâme les suit dans la tombe. Voilà pourquoi un
bon fils se croit engagé par l'honneur à payer les
dettes de son père. Il veut laver le nom qu'il
porte. Il dit : « Mon père a plus consommé que produit ici-bas; je dois combler le déficit qu'il laisse
et rétablir par mon travail l'équilibre qu'il a
rompu. »

Quant aux parasites qui ont pour industrie de
consommer les produits du travail sans rien donner en échange, ils sont les ennemis de tout le
genre humain.

Il y a trois classes de parasites : les voleurs, les
mendiants et les joueurs de profession.

Le vol est une opération qui consiste à s'approprier, par force ou par ruse, les produits du travail d'autrui.

C'est la violation de cette loi naturelle, antérieure et supérieure à toutes les lois positives, qui
annexe les biens utiles à la personne qui les a
produits. Tous les biens existants actuellement
sur la terre appartiennent soit à leurs auteurs,
soit aux ayants cause de leurs auteurs. Pour
en obtenir une parcelle, l'équité veut que vous

donniez en échange un autre bien d'égale valeur.

Celui qui s'approprie un petit pain d'un sou,
sans donner un sou en échange, ne fait pas tort
au boulanger seul, mais à tout le genre humain :
il consomme le travail d'autrui sans fournir un
travail équivalent. Le dommage est insignifiant en
lui-même dans une société aussi riche que la
nôtre; mais c'est justement dans les sociétés riches
que le vol est moins excusable, parce qu'on y rencontre plus de facilités à gagner honnêtement sa
vie. Où le moindre service rendu au riche par le
pauvre, une portière ouverte, une allumette offerte,
se paye un sou et plus, le vol d'un sou équivaut
à un refus insolent de servir les autres hommes.

Voler un pauvre est plus odieux que de voler
un riche, mais cela n'est ni plus ni moins crimi-
nel. Un préjugé, qui n'est pas encore déraciné
chez nous, innocente à moitié celui qui vole cinq
francs chez un millionnaire, et aux trois quarts
celui qui dérobe un louis au préjudice de l'État.
Là vérité est que toutes les violations du droit de
propriété sont également coupables. Riches et
pauvres, tous les hommes qui travaillent sur la
surface du globe sont lésés par un vol, quel qu'il
soit. Les travailleurs de l'Autriche et des États-
Unis sont intéressés comme nous à réprimer le vol

en France : de là les traités d'extradition entre les
peuples civilisés. Deux États pourraient être en
guerre sans suspendre l'effet de ces traités, tant
la répression du vol est un intérêt supérieur à ceux
qui divisent les peuples. Il s'agit de maintenir et
de confirmer ce principe de justice universelle : le
produit appartient au producteur.

On s'étonne quelquefois de voir les tribunaux
frapper des mêmes peines le vol d'un million et le
vol de cent francs. Pourquoi la conscience des magistrats, si scrupuleuse à établir la qualité d'un
vol, semble-t-elle indifférente à la quantité? Parce
que la quantité volée, fût-elle d'un million, est
peu de chose auprès du dommage moral qui affecte l'humanité tout entière. Le vol d'un million,
ou le vol d'un centime, s'il était toléré par les lois,
·frapperait d'une égale dépréciation tous les produits du travail. Nous estimons nos biens en raison de la sécurité qui les entoure. Si vous n'étiez
qu'à moitié sûr de posséder tranquillement votre
montre, qui vaut cent francs, elle n'en vaudrait
plus que cinquante. Les lois sont faites en vue de
la sécurité publique. Elles punissent sévèrement
le vol domestique, pour que l'homme de bien se
sache protégé contre le plus facile de tous les crimes; elles font une différence entre le voleur de
jour et ie voleur de nuit, le voleur sans armes et

le voleur armé, le voleur de plain-pied et le voleur par escalade, le voleur qui trouve la clef sur la porte et le voleur qui la crochète ou qui l'enfonce, parce que la sécurité générale est d'autant plus menacée qu'il existe des malfaiteurs plus hardis, plus violents et plus expérimentés.

Le chiffre exact des biens qui ont passé d'une main dans une autre n'est qu'une question secondaire, si le moindre vol qualifié diminue la valeur de toutes les richesses existantes jusqu'à ce que le coupable soit pris.

Parmi les conséquences que le vol entraîne à sa suite, il y en a deux que je n'ai pas le droit d'omettre, car elles intéressent directement l'économie sociale :

Les biens volés sont des biens perdus.

Les biens volés sont corrupteurs.

Rien de plus philosophique et de plus vrai que ce vieux dicton populaire : « Bien mal acquis ne profite jamais. »

Un honnête ouvrier tient à son gain comme à ses yeux. C'est le prix de sa peine. Il s'est levé matin six jours de suite; il a travaillé assidûment dix heures par jour, quelquefois plus. Il a soufflé, sué; quand il tient l'argent de sa paye, il peut dire sans exagération : « Je l'ai tiré de mon propre corps; c'est ma chair et mon sang; j'ai battu mon-

naie toute la semaine, et voilà ce que j'ai produit. »

Il lui tarde de rentrer à la maison et d'étaler
son petit avoir sous les yeux de la ménagère. Chemin faisant, les pièces blanches sonnent de temps
à autre, et ce petit bruit qu'il entend lui fait plaisir. Peut-être même lui arrive-t-il une fois ou
deux de frapper sur sa poche pour réveiller les
écus endormis. Si quelque malfaiteur le guettait
au passage pour lui arracher son argent, il trouverait à qui parler. Jour de Dieu! l'honnête homme
se change en lion pour défendre son modeste salaire.

Cet argent-là sera bien employé, n'ayez pas peur.
Il payera le pain, la viande et le savon de la famille
et l'école des petits. On mettra quelque chose à
part, en prévision du terme. L'excédant, s'il y en
a, sera pour les dépenses de toilette; si l'on n'a
besoin de rien pour le moment, la caisse d'épargne
est à deux pas. Brave argent! honnête argent! tu
moralises celui qui te touche. Il se gardera bien
de te gaspiller en débauches; il sait trop, par expérience, ce que tu coûtes à gagner.

Avec le temps, une part des salaires s'est con-
vertie en bon linge, en effets d'habillement, en meubles simples, mais commodes. Une autre part a
transformé les enfants en petits hommes, qui en

savent plus long que leur père et qui, par conséquent, pourront choisir un travail moins dur. Le
reste est placé en trois pour cent ou en obligations. Cela ne fait pas un gros chiffre, mais c'est
le commencement d'un capital, l'amorce d'une
humble fortune. Si le père ou quelqu'un des fils
voulait s'établir à son compte, cet argent-là permettrait d'essayer.

L'auteur de tous ces biens regarde ce qui l'entoure avec un légitime orgueil. « Tout cela, pense-
t-il, est mon ouvrage. Depuis ma redingote des
dimanches jusqu'à l'éducation de mes enfants, j'ai
tout payé par le travail. » Il n'y a pas un meuble
dans l'étroit logement qui ne lui rappelle un coup
de collier, quelques mois de privations, une épargne longue et patiente. La femme, qui a collaboré
vingt ans avec cet honnête homme, est encore plus
fière que lui. Les enfants sont respectueux et re-
connaissants. Elevés à si bonne école, ils travaillent, ils économisent, ils commencent à rembourser la dette de leur éducation. Si un malheur qu'il
faut prévoir les condamnait à hériter demain, je
réponds qu'ils recueilleraient l'épargne de leurs
parents comme une relique. Je ne sais pas s'ils
arriveront à décupler la somme, mais, à coup sûr,
ils n'iront pas la boire au cabaret.

Le voleur heureux et hardi qui vient de faire

6

un coup de cent mille francs vous paraît riche à
première vue. Il semble qu'en passant d'une caisse
dans une poche ce capital n'ait rien perdu. En
effet, si le malfaiteur pouvait aller chez un agent
de change et prendre pour cent mille francs d'actions ou d'obligations, le capital aurait changé de
main sans décroître d'un centime.

Mais le premier mouvement d'un voleur est de
cacher une partie de son argent; le second est de
gaspiller tout ce qui lui en reste. Pourquoi cacher? Pour cent raisons. D'abord parce qu'il craint
la justice et que l'argent trouvé sur lui serait une
pièce de conviction. Ensuite, il a probablement des
complices; s'il faut partager avec eux, ce n'est plus
cent mille francs qu'il aura, mais cinquante ou
vingt-cinq, suivant le nombre. Le peu qu'il a gardé
lui pèse horriblement; il court le dépenser au plus
vite, d'abord pour s'étourdir, ensuite pour se dé-
barrasser.

L'argent a moins de prix à ses yeux qu'aux yeux
d'un honnête homme, parce qu'il n'est pas sûr de
le garder, parce qu'il n'a pas travaillé pour l'avoir,
parce qu'il croit pouvoir en voler d'autre quand il
aura dépensé celui-là.

L'obligation de se cacher lui interdit les place-
ments sérieux, réguliers, utiles. Pour rien au
monde il ne se présenterait chez un banquier,

avec cette fortune dans les mains. La peur le chasse vers les bouges où toute une population de parasites inférieurs l'attend pour le plumer. On lui vend un asile, on lui vend le secret, on lui vend l'oubli dans l'orgie, et bientôt ce capital, qui pourrait en des mains honnêtes devenir un fort bel instrument de travail, se liquéfie et coule en boue dans les mille égouts de Paris.

J'ai parlé du voleur exceptionnel, invraisemblable, qui peut saisir d'un coup cent mille francs d'or monnayé. Mais quatre-vingt-dix-neuf fois sur cent, le profit du malfaiteur est moins net, moins liquide et moins facile à réaliser. Depuis que le progrès des lumières a répandu l'usage des payements économiques, presque personne n'a des sommes à la maison. Le célèbre Cartouche, s'il osait ressusciter à Paris, ne trouverait guère à prendre que des valeurs de portefeuille et des objets mobiliers.

Les valeurs nominatives sont entourées de telles précautions qu'elles ne peuvent jamais profiter à un possesseur illégitime. Aussi un habile coquin préfère-t-il les brûler sur-le-champ que de chercher à les vendre. Dans ce cas, il ne gagne rien, quoiqu'il ait fait tort à quelqu'un. Le capital représenté par les papiers qu'il a détruits reste intact et ne change pas de maître. Mais la sécurité

du vrai propriétaire est détruite, et sa jouissance
troublée pour un temps plus ou moins long. Il a
toujours son capital, mais il ne le possède pas; il
a droit à certains revenus, mais il ne peut les
toucher jusqu'à nouvel ordre; une partie de son
avoir se trouve pour ainsi dire immobilisée par
le vol.

Les titres au porteur sont plus faciles à négo-
cier; mais comme le volé, s'il est adroit, peut les
arrêter en chemin, un voleur qui sait son état, se
tient en garde contre des biens si compromettants
et les détruit pêle-mêle avec les titres nominatifs.
Là encore il n'y a en réalité qu'un peu de papier
perdu; le capital subsiste et ne change pas de
maître; mais le propriétaire légitime est condamné à des démarches pénibles et onéreuses qui
empoisonnent sa possession sans profit pour personne. Parmi les papiers au porteur, les billets de
banque sont assurément ce qui se négocie le plus
commodément : les scélérats naïfs s'imaginent
qu'on en peut disposer avec impunité, comme de
l'or et de l'argent, mais ils se trompent.

Chaque billet porte une lettre et un numéro qui
lui donnent une sorte d'individualité et permettent de le reconnaître entre mille. Moyennant une
précaution très-simple et qui est à la portée de
tous les détenteurs, un billet peut devenir une

pièce de conviction et mener son voleur en cour
d'assises. Donc, rien n'est plus sensé que cette
méfiance qui déprécie tous les papiers aux yeux
des malfaiteurs habiles et leur fait préférer l'argent, les meubles, les marchandises.

Mais les meubles et les marchandises perdent
la plus grande partie de leur prix en tombant
dans les mains d'un possesseur illégitime. Si le
voleur les dénature, s'il transforme en lingots
une collection de médailles, une pièce d'orfévrerie, il anéantit littéralement toute la plus-value
que le travail de l'homme avait ajoutée aux métaux précieux. Un capital considérable périt ainsi
tous les ans et se trouve perdu pour tout le
monde. Les choses qu'on revend telles qu'on les a
volées se déprécient par cela seul qu'elles deviennent marchandise d'occasion : la même pièce de
drap qui valait cent francs en fabrique, n'en vaut
plus que cinquante dans une boutique du Temple
ou dans une vente du mont-de-piété.

Ajoutez à ce déchet la dépréciation causée par
le recel. Le recéleur étant complice du voleur et
courant les mêmes risques, demande logiquement
à partager les bénéfices du crime ; il ne craint pas
d'offrir pour une marchandise toute neuve le quart
ou le dixième de ce qu'elle valait en magasin.
Lorsqu'il a volé le voleur, il se substitue à lui

pour ainsi dire; il a les mêmes craintes de la justice, le même mépris d'un bien acquis à vil prix,
le même empressement à s'en défaire. Il cherche
et trouve des acquéreurs dans un public à peu
près honnête qui se démoralise au contact des
biens mal acquis.

Les fruits du vol corrompent tout ce qui les
touche. Vous rencontrez des gens qui se croient
irréprochables en payant un louis ce qui vaut le
double ou le triple. S'ils raisonnaient un peu, ils
comprendraient que le bon marché poussé à certaine limite les rend complices du recéleur; mais
ils ne veulent pas raisonner. Ils étalent fièrement
leurs emplettes et se vantent de les avoir payées
moins cher qu'elles ne valent. Il leur semble que
cette perturbation des lois commerciales et industrielles est un bienfait de leur étoile ou un
triomphe de leur sagacité. L'occasion fait plus
de larrons qu'on ne pense. C'est en ce sens
que j'ai pu dire : Les biens volés sont corrupteurs.

Les mendiants ne sont pas des voleurs, excepté
quand ils cumulent les deux industries, ce qui
arrive quelquefois. Mais presque tous les pauvres
de profession emploient des manœuvres frauduleuses pour se faire donner une partie de la fortune d'autrui. Partie microscopique en apparence,

considérable si l'on mettait ensemble les sommes inutilement absorbées par la mendicité.

Les faux blessés, les faux malades, les fausses mères qui font pleurer un enfant de louage ou pressent sur leur sein un nouveau-né de carton; les faux ouvriers sans ouvrage qui n'ont jamais fait œuvre de leurs dix doigts; les faux pauvres qui possèdent des obligations en portefeuille, autant de parasites qui exploitent la naïveté des bonnes âmes.

Nos lois punissent l'homme qui se fait délivrer cent mille francs par un millier d'individus sous un prétexte ou sous un autre. Il est passible d'un emprisonnement d'un à cinq ans et d'une amende qui va de 50 à 3000 francs. Les personnes lésées peuvent se porter parties civiles et réclamer devant les tribunaux l'argent qu'on a soutiré de leurs poches. Il nous semblerait monstrueux que cette fortune mal acquise se transmît aux héritiers de l'escroc. Mais quand nous lisons dans les journaux qu'un mendiant de tel pont ou de telle église a laissé cent mille francs dans sa paillasse, le fait nous paraît simplement curieux; nous trouvons juste et naturel que les enfants ou les collatéraux de cet ingénieux vieillard se partagent les dépouilles de ses dupes.

La société ne s'est jamais avisée de mettre l'em-

bargo sur une telle succession et de dire : « Cet
argent, produit du travail, a été frauduleusement
détourné par un homme qui ne travaillait pas; je
le prends et je l'envoie au secours de ceux qui
travaillent. » La mendicité est-elle donc une industrie reconnue chez les peuples civilisés?

Le mendiant enrichi peut répondre à cela : « Je
n'ai rien pris; on m'a tout donné. L'argent appar-
tient-il à ceux qui le gagnent? Ont-ils le droit d'en
user et d'en abuser? Peuvent-ils l'employer indifféremment à des œuvres utiles ou à des libé-
ralités agréables et honorables? Les cent mille
francs que je possède m'ont été donnés sou par
sou, à titre gratuit. Je n'ai pas eu recours à des
manœuvres frauduleuses, je n'ai pas promis à
mes bienfaiteurs de leur rendre le centuple de
leurs aumônes : je me suis vêtu de haillons; je
me suis assis sur un escabeau et j'ai tendu la
main; la charité des bonnes âmes a fait le reste.

— Oui, mais la charité des bonnes âmes ne t'a
donné tant de petits sous que parce qu'elle croyait
soulager une véritable misère. Si tu avais seulement avoué mille francs de fortune, on ne t'en
aurait pas jeté 99 000 autres. Parmi ceux qui t'ont
enrichi, combien étaient et sont encore plus pauvres que toi! Les haillons, l'escabeau, la main
tendue, toute la mise en scène du paupérisme

constitue une manœuvre frauduleuse. Tu as fait usage d'une fausse qualité en te faisant passer pour pauvre quand tu ne l'étais plus! »

J'avoue pourtant que la mendicité deviendrait excusable aux yeux des économistes si les faux pauvres laissaient souvent à leur mort un capital de 100 000 francs. Leur mensonge, condamné par la morale, aboutirait en dernière analyse à un résultat utile. Qu'est-ce qu'un sou pour celui qui le jette dans la sébile du mendiant? Presque rien; qu'il le donne ou qu'il le garde, il n'en sera ni plus ni moins riche. Deux millions de pièces de cinq centimes éparses dans deux millions de poches ne représentent qu'un bien stérile, inerte : l'argent ainsi divisé ne produit pas, faute de cohésion. Rassemblez ces molécules et vous avez une somme, un capital, un instrument de travail. Celui qui, par un drainage honnête, extrairait deux millions de sous de deux millions de poches pour en former un capital de cent mille francs, rendrait service à la société, comme un métallurgiste habile qui saurait rassembler 100 kilos de limaille éparse dans les rues pour en faire un levier puissant.

Mais le paupérisme aboutit précisément au résultat inverse. Sauf quelques exceptions, les mendiants gaspillent au jour le jour le produit de

leur triste récolte. L'argent que la charité leur
jette ne s'arrête pas dans leurs mains ; il va droit
au cabaret et aux plus immondes débauches. Les
mendiants sont presque tous prodigues, et comment ne le seraient-ils pas? L'homme s'attache
aux biens en proportion du travail qu'ils lui ont
coûté. Ceux qui ont obtenu de l'argent sans rien
faire, ceux qui comptent s'en procurer toujours au
même prix, ne sont portés ni par goût ni par raison à l'épargne. Pourquoi se priveraient-ils de
quelque chose, puisqu'ils ont une mine inépuisable à exploiter? Dans quel but amasseraient-ils
un instrument de travail, quand ils sont résolus
à ne jamais produire, quand ils savent la société
toujours prête à travailler pour eux?

Ces parasites se marient, se multiplient et font
souche de parasites. Leurs enfants sont portés
tout naturellement à imiter le père et la mère;
on ne leur enseigne pas la noblesse du travail, ils
naissent tout acclimatés à la honte. Triste et fu-
neste engeance, qui absorbe dans certains pays
plus d'un dixième de la production, sans rien
rendre!

Est-ce la mendicité qui crée l'aumône, ou l'aumône qui provoque la mendicité ? L'un et l'autre.
Nous sommes dans un cercle vicieux. J'ai habité
successivement la province de France où l'on donne

le plus aux pauvres et le coin d'Italie où la charité prodigue les plus riches aumônes. A Quimper, comme à Rome, mon premier mouvement fut de chercher par quel miracle tant d'argent répandu avait multiplié la misère au lieu de la guérir. A Rome comme à Quimper, les plus sages et les meilleurs m'ont répondu : « C'est tout simple; plus on arrose la mauvaise herbe, plus elle croît abondamment. »

Si personne n'avait le triste courage de tendre la main dans les rues, personne ne songerait à donner dix centimes au fainéant qui ne les a pas gagnés. Mais si tous les producteurs s'entendaient pour refuser l'impôt à ceux qui refusent de produire, tous les individus valides se mettraient en devoir de gagner leur vie par eux-mêmes, et l'on ne mendierait plus.

Voulez-vous fabriquer des mendiants par centaines? Ouvrez votre fenêtre et jetez un franc à tous ceux qui viendront chanter ou geindre devant vous, dans la rue ou dans la cour. Le lendemain, vous aurez la visite de tous les gueux de profession; avant huit jours, cinquante individus de votre quartier, qui n'avaient pas encore tendu la main, voudront profiter de l'aubaine, et le mal de mendicité gagnant de proche en proche comme une épidémie, Dieu sait où il s'arrêtera.

Il y a des villages en Italie, et même en France, où les enfants courent aux étrangers en demandant un petit sou. L'étranger donne le petit sou, et croit trancher du grand seigneur : il ne se doute pas qu'il est le corrupteur de cette jeunesse. Chez nous, l'esprit moderne est assez fort pour combattre et guérir un tel vice d'éducation; mais je n'oublierai jamais qu'en 1858, dans la province de Loreto, les paysans quittaient leur récolte, et une récolte magnifique, pour venir nous tendre la main. J'en pris un à partie et je lui demandai comment il osait mendier sur la lisière de son propre champ? « Eh! monsieur, répondit-il, je n'y ai jamais manqué, dès ma plus tendre enfance, et comme on m'a toujours donné, je continue! — Mais si tu n'as pas honte de mendier, pourquoi travailles-tu ? — Parce que l'autre métier ne produit pas assez. Croyez bien que si messieurs les voyageurs me donnaient tout ce qu'il faut pour vivre, je ne ferais pas œuvre de mes dix doigts. »

Je me souviens qu'un soir, entre cinq et six heures, dans l'avenue de Neuilly, embarrassé d'un journal que j'avais fini de lire, je l'offris à deux maçons qui sortaient du chantier. Mon raisonnement, fort logique en son sens, était celui-ci : « J'ai tiré du journal tout ce que j'en voulais; il peut encore instruire ou renseigner plusieurs personnes;

si je le jette, il sera sali et perdu. » Mais l'un des deux passants me donna une leçon salutaire en me disant : « S'il me plaît de lire un journal, je le payerai sur ma journée; vous ne me devez rien. » Cet honnête homme, assurément, n'avait jamais mendié dans son enfance sur la grand'route qui traverse son village.

En signalant les défauts de la charité mal organisée, nous n'avons pas pour but de prêcher un contre-Évangile et d'interdire aux riches la pratique du bien. Il s'agit simplement de montrer que l'aumône pratiquée sans la plus grande circonspection va droit contre son but.

Il est louable et nécessaire que tous les travailleurs s'associent pour aider les enfants, les vieillards, les malades, tous ceux qui ne peuvent gagner leur vie en travaillant eux-mêmes. Un jour viendra, sans doute, où la prévoyance et l'épargne individuelle frapperont d'inutilité les hôpitaux et les hospices; mais jusque-là la bienfaisance publique et la charité privée ont une noble tâche à remplir.

Ce que l'économie sociale combat comme un fléau, c'est le paupérisme entretenu chez les hommes valides par une aveugle charité. La banalité du don gratuit a érigé la misère en profession; elle a créé le paupérisme héréditaire. Non-seule-

ment il y a des mendiants à poste fixe, installés
sur tel point de la voie publique, et qui trans-
mettent leur établissement comme un office d'agent
de change ou de notaire, mais parmi ceux qu'on
nomme assez improprement *pauvres honteux*, il y
a des dynasties de fainéants qui ont traversé 89
et 93 sans réduction de budget; leur revenu fixe,
invariable, est inscrit au grand-livre de la sensi-
bilité publique.

Je signale l'abus, et pourtant je n'oserais dire :
Finissons-en. La question est très-complexe, car
enfin, pour tous les bons riches, donner est un
plaisir, presque un besoin. Chaque fois que nous
mettons la main à la poche pour secourir une in-
fortune vraie ou feinte, méritée ou imméritée,
nous nous élevons à nos propres yeux. L'économie sociale nous crie : « Il est juste de recevoir
l'équivalent de ce qu'on donne. » Le cœur répond:
« Il est doux de donner sans recevoir. »

Les raisonneurs et les calculateurs sont dans le
vrai lorsqu'ils nous disent : « Un million partagé
entre 400 000 individus donne à chacun 2 francs
50 centimes. C'est à peu près ce que chacun des
assistés, s'il travaillait, pourrait gagner en un
jour. Donner un morceau de pain à l'homme va-
lide qui pourrait le gagner, c'est infirmer la grande
et sainte loi : « Tu gagneras ton pain à la sueur de

ton front. » C'est faire tort à la société des services que cet homme lui rendrait en travaillant. Donner à ceux qui travaillent, soit en leur achetant leur ouvrage plus qu'il ne vaut, soit en leur livrant des denrées au-dessous du prix de revient, c'est troubler l'équilibre de l'industrie et faire tort à la majorité des travailleurs, en créant au profit de quelques-uns une concurrence inégale. Ceux que vous obligez seront, par cela seul, en mesure de livrer leurs produits au rabais et de tuer ainsi le travail des autres.

Enfin, les bonnes œuvres émiettent, sans profit pour la société, des instruments qui pourraient être utiles. On donne en France un million par jour, un milliard tous les trois ans, et de ces capitaux qui pourraient se multiplier dans l'industrie au profit de tous les travailleurs, il ne reste pas un centime. Le levier s'éparpille en limaille, et tout est dit.

Rien de plus strictement vrai que ce tableau si sombre. S'ensuit-il que les hommes vraiment charitables doivent assister les bras croisés au spectacle de la misère? Non! Les meilleurs d'entre nous continueront à pratiquer l'aumône, tant que ce palliatif n'aura pas été remplacé par le vrai remède du mal.

Mais le remède est trouvé, si je ne me trompe.

C'est de nos jours, au milieu de nous, que l'ingé-
nieuse charité d'une femme a résolu le plus terrible des problèmes sociaux.

Pour éteindre la mendicité parasite qui exploite
les riches sans profit pour les pauvres, il suffisait
de modifier conformément à l'esprit moderne le
touchant axiome : « Qui donne aux pauvres prête à
Dieu. »

Comment l'a-t-on changé?

En apprenant aux petits enfants une autre formule aussi belle et infiniment plus pratique ; la
voici :

« Qui prête aux pauvres, donne à Dieu. »

Il n'entre pas dans mon plan d'examiner en
détail les statuts de telle ou telle œuvre de bienfaisance, mais je constate que la Société du Prince
Impérial est fondée sur un principe qui est toute
une révolution, et des plus heureuses.

Il y a tout autour de vous des millions de braves
gens très-laborieux, très-intelligents et très-dignes,
qui n'ont jamais tendu la main, mais qui se sont
plus d'une fois serré le ventre parce qu'ils n'ont
que leurs bras pour instruments de travail, et que
le travail outillé de la sorte produit un revenu in-
suffisant, inégal et précaire. Prêtez-leur avec
discernement ce que vous jetez au hasard devant
la plèbe mendiante et pleurarde des parasites. Ne

leur prêtez pas sans terme fixe : les plus méri-
tants refuseraient cette aumône mal déguisée.

Convient-il de leur prêter sans intérêt, ou à des
taux de faveur ? Pour ma part, je ne le crois pas,
et voici mes raisons.

Dans un pays où l'intérêt normal est à 5 0/0,
100 fr. payables le 1er décembre 1868 représentent
exactement 105 fr. payables le 1er décembre 1869.
Les deux chiffres inégaux en apparence sont égaux
en réalité, si l'on tient compte du temps, et pas
un mathématicien ne contestera cette proposition :

100 fr. aujourd'hui = 105 fr. dans un an.

Il suit de là que prêter 100 fr. sans intérêt pour un an, c'est donner 5 fr. à l'emprunteur.

Prêter 100 fr. à 3 0/0, c'est donner 2 fr. à l'emprunteur, si le taux moyen des intérêts se main-
tient à 5 0/0 toute l'année.

Entre amis, on se prête des sommes considérables sans tenir compte des intérêts; mais il est
parfaitement sous-entendu que l'emprunteur reçoit un présent, qu'il est l'obligé de son prêteur,
et qu'après lui avoir remboursé le chiffre exact de
la créance, il lui redoit un excédant payable en
bons procédés. Cette obligation a le défaut d'être
mal définie. De deux amis dont l'un a gratuite-

ment obligé l'autre, le premier est enclin à s'exagérer l'importance du service rendu ; le second ne tarde guère à se révolter contre cette espèce de vasselage, et l'on se brouille souvent pour avoir offert et accepté un prêt gratuit.

Entre hommes d'affaires, le créancier qui a prêté 100 fr. sur bonne garantie, et le débiteur qui en a restitué 105 au bout d'un an, sont quittes. Ils se sont réciproquement rendu des services d'égale valeur. Le premier a obligé le second en lui cédant pour une année la jouissance de 100 fr.; le second a obligé le premier en lui donnant 5 francs de plus que les 100 francs qu'il avait reçus. Des deux côtés la reconnaissance due se compense et s'annule. Il n'y a ni bienfaiteur ni obligé, ni patronage ni clientèle.

Dans quel but la bienfaisance moderne a-t-elle remplacé les dons à l'oisiveté par le prêt au travail? Ce n'est pas pour changer la forme de l'aumône, mais pour l'abolir. La pensée qui préside à cette généreuse révolution ne s'est jamais proposé de retenir les pauvres sous un patronage habilement déguisé. Il s'agit d'émanciper ceux-là même qu'on soulage et de les rendre à la fois plus heureux et plus libres. Dans un ordre social qui a l'égalité pour base, la bienfaisance la plus noble est celle qui permet aux déshérités d'améliorer leur condition par eux-mêmes, sans rien devoir à personne.

Cette œuvre intéressante est à ses débuts; la période de discussion n'est pas close, et puisque les meilleurs esprits de notre époque s'adonnent tous ensemble à la recherche du mieux, j'ai cru pouvoir indiquer ce qui me semble avantageux et juste, à mon sentiment personnel.

Il est juste que les nécessiteux, lorsqu'ils empruntent pour travailler, payent l'argent au même prix que tout le monde. On peut leur faire crédit des intérêts et les ajouter au capital, mais il ne convient pas de leur en faire la remise. La concurrence étant la loi du commerce et de l'industrie, les assistés ne doivent pas avoir par privilège la jouissance gratuite des capitaux : ils lutteraient avec trop d'avantage contre ceux qui empruntent à cinq et six pour cent un instrument de travail.

Il importe à la société que le capital souscrit pour l'œuvre de régénération s'accroisse graduellement et étende ses bienfaits d'année en année jusqu'à l'extinction totale du paupérisme.

Il est avantageux à l'emprunteur de servir les intérêts du capital qu'on lui a prêté. En payant ses échéances, il prouve aux autres et à lui-même qu'il n'est point un parasite, un de ceux qui reçoi-

\ent sans rendre. Ce sentiment le fait croître en
force et en dignité, le ressort moral s'affermit
dans son âme, et l'amélioration de tout son être
compense l'économie de cinq pour cent qu'il pourrait faire en acceptant l'aumône des intérêts. Il
porte le front plus haut, il pense plus librement,
il est plus homme.

Est-ce à dire qu'il soit dispensé de toute reconnaissance envers les généreux créanciers qui lui
ont mis l'outil à la main?

Non, car on lui a prêté, sur des garanties toutes morales, au même taux que s'il avait eu la
meilleure hypothèque à offrir. Le pauvre qui n'a
que ses deux bras est dans l'alternative de se voir
refuser tout crédit, ou d'emprunter à un taux ef-
frayant, car la location des capitaux coûte d'autant plus cher que le remboursement est moins
assuré.

Le prêt de bienfaisance est autrement laborieux
et difficile que le don gratuit; il comporte cent
fois plus de raisonnement et d'étude. Trouver
l'argent n'est rien, dans un pays comme le nôtre;
mais pour le bien dispenser, il a fallu recourir à
toutes les lumières et à tous les dévouements.
Avant de prêter mille francs à un pauvre, il importe de jauger sa moralité, son intelligence, son
aptitude aux affaires. Dans ce diagnostic, la moin-

dre erreur entraîne la perte de la somme et compromet la plus noble expérience que le génie de la charité ait jamais faite.

Ah! qu'il était plus simple et plus commode de donner deux sous au mendiant de rencontre, sans s'inquiéter de ce qu'il en faisait.

Mais si la charité nouvelle exige plus de travail, elle portera d'autres fruits. Le don à l'oisiveté a fonctionné pendant des siècles; il n'a produit que la misère; le prêt au travail, inauguré d'hier, a déjà fait quelques hommes heureux et libres.

Il nous reste à parler d'une dernière classe de parasites : les joueurs de profession. Mais comme il est impossible qu'un joueur soit toujours heureux, comme l'argent du jeu, n'ayant coûté aucun travail, s'écoule plus rapidement qu'aucun autre, comme il est presque inouï qu'une fortune acquise au jeu se soit conservée; comme tous les joueurs de profession, sauf quelques phénomènes que l'on cite, ont mal fini, cette catégorie d'hommes improductifs peut être déversée dans celle des voleurs ou des mendiants, *ad libitum*.

Le jeu, comme distraction, est un petit contrat parfaitement honnête. Deux travailleurs, le soir, après une journée bien remplie, séparent une fraction de leur salaire et se le donnent réciproquement, à condition. Par exemple, les cinq francs

que j'ai mis sur table sont à vous, je vous les
donne à l'avance, je vous substitue à tous mes
droits sur cette pièce de monnaie si vous faites
avant moi cinq points d'écarté. Vous, de votre
côté, vous vous dessaisissez d'avance, en ma faveur,
d'une somme égale, si les cinq premiers points
d'écarté sont à moi.

Il n'y a dans tout cela ni production, ni consommation de richesse, mais le déplacement de quelques pièces de cent sous qui sortent d'une poche
pour entrer dans une autre.

Seulement, je prie les amateurs de remarquer
deux choses :

1° Qu'en admettant l'égalité absolue des chances, le joueur risque toujours de perdre plus
qu'il ne peut gagner. Si vous avez dix louis dans
la poche et qu'il vous plaise d'en jouer un, en cas
de perte vous diminuez votre avoir d'un dixième;
en cas de gain, vous l'augmentez d'un onzième
seulement.

2° Vingt francs gagnés au jeu ont moins de prix
que vingt francs perdus, et l'on se tromperait en
disant que Pierre met dans sa poche tout ce qui
sort de la poche de Paul. Paul a perdu l'argent
précieux du travail; Pierre n'a gagné que l'argent
du hasard, ce qui fait en pratique une notable
différence.

V

L'ÉCHANGE

Si la première loi économique est l'obligation de produire, la deuxième est la nécessité d'échanger.

Le travailleur aurait beau fabriquer des produits en quantité illimitée, il resterait horriblement dénué s'il n'avait la ressource de les échanger contre ceux d'autrui.

Cent mille hectolitres de blé ne sont pas un bien méprisable, mais ils ne vous empêcheraient pas de mourir de froid en hiver si vous n'en échangiez une partie contre des vêtements, du combustible et un abri. Cent mille stères de bois ne vous

empêcheront pas de mourir de faim; cent mille
tonnes de vin de Bordeaux n'aideront pas le vigneron à parcourir la distance qui sépare Bordeaux de Paris; mais quelques litres de ce bon
vin, échangés contre un billet de chemin de fer,
le transporteront sans fatigue en une journée.

Un maçon peut se construire une maison, un
cultivateur peut se procurer par lui-même du
blé, du vin, du tabac, du houblon, de la viande,
suivant le sol qu'il exploite et le climat qu'il habite; un voiturier peut se transporter rapidement
d'un point à un autre; un tailleur peut se con-
fectionner des habits. Mais pour que le même
homme ait à la fois le logement, le vivre, l'habillement, les moyens de transport et toutes les choses nécessaires à la vie, il faut qu'il échange incessamment ses produits contre ceux des autres
hommes.

Le travailleur qui dit avec un légitime orgueil :
« Je me suffis à moi-même », qu'entend-il par ces
mots? Prétend-il avoir créé lui-même tous les
produits dont il fait usage? Non, mais il se vante
à bon droit de produire assez de biens échangeables pour procurer la satisfaction de tous ses besoins.

Il se pourrait, à la rigueur, qu'un individu isolé
pourvût tant bien que mal, pendant un certain

temps, à ses nécessités les plus indispensables, sans rien échanger avec autrui. Certains sauvages vivent ainsi, sous un ciel privilégié, qui réduit presque à néant les besoins de l'homme. Ils sont chasseurs, pêcheurs, constructeurs, cuisiniers, tailleurs et cordonniers pour leur usage personnel. Mais leur aptitude à tout faire leur interdit d'exceller en rien. Ils savent trop de métiers pour en pratiquer savamment un seul. Quand ils auront touché à tout pendant une journée, le produit de leur travail ne représentera pas la somme de biens utiles qu'un ouvrier anglais ou français crée en une heure de temps. Aussi courent-ils à l'échange, dès que la civilisation passe à leur portée : ils se hâtent d'offrir leurs produits pour obtenir les nôtres, et nous *gagnons sur eux* en leur vendant notre travail d'une heure contre leur travail d'un jour et plus.

Le simple bon sens vous explique la supériorité du travail civilisé sur le travail sauvage. La première condition pour produire beaucoup, vite et bien, est de se consacrer spécialement au métier qu'on fera le mieux. L'apprenti le mieux doué commence par être un pur maladroit; avec le temps, l'application et la pratique, il arrive à tirer le meilleur parti possible de ses bras et de ses outils. Mais si nous cédions à l'ambition ridicule de tout faire par nous-même, la vie ne serait qu'un long et déplorable apprentissage. Autant courir vingt lièvres à la fois.

La spécialité développe chez l'individu des aptitudes étonnantes. Le charpentier, le menuisier, le maréchal ferrant acquièrent en quelques années une sûreté de main que vous avez admirée sans doute, si vous les avez observés d'un peu près. Un habile cocher parcourant au grand trot les rues encombrées de Londres ou de Paris vous montre tout ce que l'habitude d'un travail spécial peut ajouter de précision au coup d'œil et de décision à l'esprit. Un comptable de profession joue avec les chiffres; un vieux sous-officier instructeur jongle avec son fusil; un bon maître d'école manie et pétrit comme une cire le cerveau rebelle de quarante bambins; un gabier court sur les vergues au milieu de la tempête; un couvreur, un pompier galope sur les toits; un improvisateur de profession dicte cent vers à brûle pourpoint ou parle quatre heures de suite.

Du haut en bas de la société, vous voyez une multitude d'hommes et même de femmes qui excellent dans un art ou un métier, pour s'y être adonnés spécialement dès l'enfance. N'avez-vous jamais admiré la mémoire, la prestesse et la dextérité des garçons de restaurant? Et ces do-

mestiques précieux (il y en a encore quelques-
uns) qui servent sans embarras et sans bruit un
dîner de douze personnes? Tous les talents utiles
ou agréables sont les fruits de la spécialité.

Il convient que la spécialité ait pour contre-
poids un bon fonds d'instruction générale; sinon
le travailleur ne serait plus qu'une machine. Il
est encore à souhaiter qu'en prévision des chômages et des autres accidents tout producteur
ajoute une deuxième corde à son arc : c'est une
précaution qu'on ne saurait trop recommander
aux travailleurs qui vivent sur le luxe. Mais le
commencement de la sagesse est de choisir un
gagne-pain, d'embrasser une spécialité, de diriger vers un but principal tous ses talents et
toutes ses forces. Car le particulier qui se croit
propre à tout est un sauvage égaré dans la civilisation ; il vit et meurt inutile.

Le premier échange est sans doute contemporain du premier travail, c'est-à-dire que ce mécanisme est aussi vieux que l'homme lui-même.
Aucun progrès en aucun genre n'aurait pu se réaliser ici-bas si chaque individu avait été forcé
d'apprendre tous les arts nécessaires à la vie.

Le seul fait de l'échange a créé une organisation
du travail bien supérieure à toutes celles que les
réformateurs (ou soi-disant tels) ont ébauchées

dans ces derniers temps. La voici résumée en quelques lignes :

L'individu peut compter qu'il ne manquera de rien s'il produit une certaine somme de biens utiles, n'importe lesquels. Quand même il ne créerait rien à son usage personnel, il est sûr de se procurer tout le nécessaire et au delà, pourvu qu'il fournisse une quantité de travail utile ou agréable aux autres hommes. Il peut donc, dans le choix d'une industrie, faire abstraction de la variété de ses besoins et réduire tout le problème de son existence à cette question : De quoi suis-je capable? Entre tous les produits utiles, quel est celui que je suis apte à fournir?

Les enfants sont portés à croire qu'il faut être confiseur pour manger beaucoup de bonbons, et que le cordonnier doit être mieux chaussé que tous les autres hommes. L'expérience ne tarde pas à leur apprendre que, grâce à l'échange, on obtient la plus grande quantité d'un bien quelconque en produisant la plus grande quantité d'un autre bien, quel qu'il soit.

On compte par millions les producteurs qui vivent et qui meurent sans avoir consommé un seul de leurs produits. Les vendangeurs du clos Vougeot boivent de la piquette; les ouvriers d'Alfred et d'Humann s'habillent à la Belle-Jardinière ou

même au Temple; les canuts de Lyon ne drapent
pas leurs femmes dans la soie. En revanche, un
gros fabricant d'indiennes a son salon tendu de
brocatelle; un fabricant de quincaillerie pour l'exportation dédaigne les produits de son usine; un
marchand de faïence commune mange dans la
porcelaine de Sèvres. Les produits les plus précieux affluent autour de l'homme qui crée le plus
d'utilité; les plus humbles sont le lot de l'homme
qui produit le moins, quel que soit son genre
d'industrie. Un tailleur de pierre n'habite pas une
maison en pierre de taille : trop heureux si le
plâtre et les moellons lui fournissent un abri tolé-
rable. Quant au tailleur de diamants, il pourrait
vivre mille années sans que l'idée lui vînt de porter ses produits en boutons de gilet.

Il y a dans tous ces faits une apparente contradiction, que les rhéteurs de mauvaise foi ont
souvent exploitée. Lorsque les ouvriers étaient
moins éclairés et moins sensés qu'aujourd'hui, on
leur a dit : Il est injuste que les plus beaux habits soient portés par des gens qui ne savent pas
coudre; il est monstrueux que l'ouvrière vêtue
de cotonnade taille et couse la soie pour la femme
d'un banquier. On a publié des tirades sur ce
pauvre tailleur de diamants qui n'a pas même un
diamant à se mettre au doigt, le dimanche.

Ces vieilles déclamations vous apparaissent dans
tout leur ridicule si vous vous rappelez : 1° que
tous les biens utiles appartiennent légitimement
à celui qui les a produits ou à ses ayants-droit;
2° que pour en obtenir une part, petite ou grande,
il faut donner en échange un bien d'égale valeur;
3° que la valeur du travail est proportionnelle à
la quantité d'utilité produite, quels que soient les
matériaux mis en œuvre. L'or est quinze fois et
demi plus précieux que l'argent, mais le ciseleur
habile, qui ajoute par son travail une valeur de
vingt-cinq louis à un kilogr. d'argent, recevra vingt-
cinq louis en or; tandis qu'un guillocheur de pa-
cotille, pour avoir ratissé des boîtes de montre en
or, recevra quatre francs dix sous en argent. Les
truffes ont trois cents fois plus de prix que les
pommes de terre, mais l'agriculteur qui produirait dix mille sacs de pommes de terre en une
saison aurait le droit de manger des truffes, et
le chercheur de truffes qui n'en trouve que trois
ou quatre kilos par mois ne mangera que des
pommes de terre.

Le travailleur a droit à la totalité de la plus-
value qu'il ajoute aux choses *par lui-même*. Les
produits manufacturés tels qu'un habit noir, une
robe de soie, une rivière de diamants, n'arrivent
au consommateur qu'en passant par une multi-

lude de mains qui toutes, successivement, y ajou-
tent un supplément de valeur. Il est juste et naturel que chacun des travailleurs échange l'utilité
qu'il a produite contre un bien équivalent. L'agriculteur qui fournit la matière première d'un habit
noir, a droit au prix de sa laine; le marchand qui
court les campagnes pour réunir la laine de plusieurs fermiers, a droit au prix de ses peines; le
voiturier qui porte les ballots à la fabrique a
droit au prix de son voyage; chacun des travailleurs qui dégraissent, cardent, teignent, filent,
tissent, foulent, peignent le drap, devient pour
ainsi dire le créancier de la marchandise, et acquiert sur elle un droit proportionnel à la valeur
qu'il y ajoute.

Six cents grammes de laine fine, qui valaient
trois francs au début, produisent à la longue un
habit noir qui vaut, s'il est bien fait, jusqu'à
125 francs. Le jour où le consommateur donne
125 francs en échange de cet habi , l paye en bloc
et la valeur initiale de la matière première et toutes les plus-values qui ont été successivement ajou-
tées par une centaine de travailleurs. L'habit
soldé ne doit plus rien à personne. Mais si l'un
des cent producteurs qui ont mis la main à l'ouvrage se l'appropriait en totalité, il ferait tort aux
quatre-vingt-dix-neuf autres. Si le cultivateur

prenait l'habit en disant : C'est ma laine! ou si
l'ouvrier tailleur tirait à lui en disant : C'est ma
couture! tous les autres crieraient unanimement
au voleur! Pour que chacun de ceux qui ont
collaboré à l'habit ait le droit d'en mettre un pareil sur ses épaules, il doit produire par lui-même
une somme de biens utiles équivalente à 125 francs.
C'est ainsi que les choses se passent dans l'univers
entier, sauf que l'immense majorité des travailleurs se contente d'un vêtement moins cher et plus
commode que l'habit noir d'Alfred ou d'Humann.
Aucun de ceux qui produisent ici-bas n'est assez
fou pour croire qu'en créant la partie il acquiert
des droits sur le tout. Cette idée n'a pu venir qu'à
des pêcheurs en eau trouble, intéressés personnellement à brouiller toute notion du vrai.

Les pauvres gens de bien qui taillent le diamant
dans une mansarde ont quelquefois plus de milliers
de francs sur leur établi que de pièces de cent
sous dans leur armoire. Cependant on serait mal
reçu si l'on allait leur dire : « Ces beaux cailloux auxquels vous donnez tant d'éclat sont à
vous.

— Non, vous répondraient-ils; ce qui nous appartient en toute propriété c'est la taille, le poli
que nous avons ajouté à la pierre brute. Lorsqu'on nous a confié ces diamants, ils contenaient

déjà une valeur que d'autres individus leur avaient donnée en les trouvant, en les transportant, en les assortissant. Le marchand ne nous doit que le prix de la plus-value que nous avons créée nous-mêmes. Si le travail de notre journée n'ajoute à un diamant de deux millions qu'une valeur de cent sous, il ne nous est dû que cent sous.

Donner l'équivalent de ce que l'on reçoit, recevoir l'équivalent de ce qu'on donne : voilà toute la mécanique de l'échange.

Mais à quel signe reconnaît-on que deux choses sont équivalentes? Il n'y a pas grand travail à faire pour constater qu'un gramme d'or pur vaut un autre gramme d'or au même titre; que deux hectolitres de blé, récoltés dans le même champ, se valent l'un l'autre. Mais dans cette infinie variété de biens et de services que les hommes échangent journellement entre eux, comment faire pour ne donner ni plus ni moins que ce que l'on reçoit, pour n'être ni fripon ni dupe? Une épingle de brillants, un panier de pommes, un fauteuil à l'orchestre des Italiens, une course de fiacre, une visite de médecin, le conseil d'un pilote, le loyer d'un appartement, une paire de sabots, une forêt de cent hectares, une journée de maçon : voilà des biens et des services qui n'ont aucun rapport entre eux. Comment sait-on que

8

l'un vaut deux, ou trois, ou dix, ou mille fois plus
que l'autre?

La valeur n'a rien d'absolu. Elle n'est qu'un
rapport entre les biens et les services offerts et
demandés par un homme à un autre. Elle varie
avec les lieux, les temps, les circonstances, les besoins, les goûts des contractants. Deux maisons de
construction identique, mais situées l'une à Paris,
l'autre à Quimper, sont l'une à l'autre comme 3
est à 1. Il en faudrait donner trois à Quimper
pour en obtenir une à Paris. A Paris même, vous
voyez tel immeuble qui, sans perdre ni gagner
une ardoise, a valu 2 en 1846, 1 en 1848, 3 en
1868. En vingt années de temps, sa valeur a dé-
cru de moitié pour se tripler ensuite.

Le rapport du vin au blé, ou leur valeur relative, varie d'une année à l'autre dans le même
pays. Supposez qu'aujourd'hui deux hectolitres
de vin de Montpellier s'échangent communément
contre un hectolitre de blé. Une vendange malheureuse peut doubler la valeur du vin, et faire
qu'il coûte aussi cher que le blé; une mauvaise
moisson peut produire l'effet contraire et faire
que l'on échange quatre hectolitres de vin contre
un de blé.

Dans une ville construite pour abriter cent mille
individus, la population tombe à cinquante mille.

Les logements y sont plus offerts que demandés, car ils s'offrent à cent mille personnes, et il n'y a que cinquante mille personnes pour les prendre. Le prix du service rendu par les propriétaires aux locataires baisse aussitôt. Mais qu'une occasion amène pour trois jours une foule de deux cent mille individus; les abris sont plus demandés qu'offerts, et le service rendu par les propriétaires est en hausse.

Si 20000 Parisiens sont pris en même temps du désir d'entrer dans un théâtre qui ne contient que 1500 personnes à la fois, la valeur des places s'accroît dans une proportion merveilleuse; mais le jour où 50 spectateurs à peine ont la velléité de voir la pièce, les 1500 places, plus offertes que demandées, tombent à rien.

Supposez que l'Europe demande chaque année 1 million de balles de coton. Le jour où, par un accident quelconque, l'offre de ce produit descend à 500000 balles, la valeur du coton est doublée, c'est-à-dire qu'il faudra donner deux fois plus de vin, de blé ou de fer, pour obtenir la même quantité de coton.

Par un effet contraire, si la production des clous de girofle vient à décupler, la consommation restant la même, leur valeur baissera de 90 pour 100. C'est ce qui est arrivé le jour où l'iman de Mascate a inondé l'Europe de ce produit.

Nous laissons de côté la valeur d'affection qui ne saurait être appréciée que par telle ou telle personne, et la valeur d'exception qui se développe tout à coup au gré des circonstances. Un portrait de famille mal peint vaudra son pesant d'or pour M. A... ou M. B..., mais il ne monterait pas à dix francs en vente publique. Il y a des circonstances où l'on donnerait un royaume pour un cheval et d'autres où l'on donnerait un million pour un verre d'eau. Nous voyons de jeunes nigauds échanger leur patrimoine contre une mèche de cheveux qu'un homme de bon sens n'achèterait pas un centime : l'économie sociale n'a rien à voir dans ces exceptions-là.

En thèse générale, plus un bien est demandé, plus il vaut. Plus il est offert, moins il vaut. Et ce que je dis des biens s'applique également aux services, car les biens ne sont autre chose que des services consolidés. Qu'un ouvrier vous cède dix heures de son travail ou qu'il vous vende le produit qu'il a créé en dix heures, c'est tout un.

La valeur économique de tous les biens et de tous les services n'est pas une moyenne entre l'offre de Pierre et la demande de Paul, mais entre l'offre générale et la demande générale. Un af-

famé ou un fou peut échanger sa montre contre
un morceau de pain; il ne s'ensuivra nullement
qu'une montre et un morceau de pain soient des
produits d'égale valeur. L'échange normal est celui que la concurrence a équilibré et sanctionné.
Voici comme.

Nous sommes tous égoïstes, ou, pour parler
plus poliment, l'instinct de conservation fait que
chacun de nous se préfère à tous les autres. La
tendance de l'individu, dans tout échange, est
d'obtenir le plus possible en donnant le moins
possible. Est-ce que je calomnie l'humanité? Dites, consommateur honnête, si vous hésiteriez un
instant entre le boulanger qui vous vendrait son
pain dix centimes et celui qui vous donnerait le
même poids et la même qualité pour un sou? Dites, honnête producteur, si la pensée vous vien-
drait de suer à dix sous l'heure en face d'un atelier où l'on vous offrirait un franc? Quel est
l'homme assez fou pour payer cher ce qu'il peut
obtenir à bon marché? Où trouve-t-on des travailleurs assez simples pour donner la préférence
au moins offrant?

Le terrain de l'échange est une salle d'adjudica-
tion perpétuelle où l'homme, acheteur et vendeur,
met son travail aux enchères et le travail des autres au rabais; et cela sans mauvaise foi, car il

est naturellement porté à s'exagérer la valeur de
tout ce qu'il produit ou possède, à déprécier la valeur du travail et des biens d'autrui.

Il faut pourtant se faire une raison et se sou-
mettre aux leçons de l'expérience. Si vous avez un
cheval à vendre, vous aurez beau l'estimer en vous-
même cent mille francs; quand tous les acquéreurs possibles vous en auront offert huit, neuf,
dix mille francs au plus, vous finirez par reconnaître qu'il vaut dix mille francs au maximum et
qu'il faut ou le garder pour vous, ou l'échanger
contre dix mille francs. Quelque bonne opinion
que vous ayez de vos talents et fussiez-vous inti-
mement persuadé que votre travail vaut plus de
cent francs l'heure, il faudra travailler à quatre
francs par jour, ou vous croiser les bras, si personne ne vous offre un salaire plus élevé. Vous
êtes d'un pays où le kilo de cerises vaut trente
centimes en juin; vous vous trouvez à Pétersbourg
où tous les marchands le vendent six roubles, où
tous les acheteurs le payent six roubles; il faut
nécessairement vous passer de cerises, ou reconnaître que les cerises, en juin, valent six roubles
à Pétersbourg. Vous avez l'habitude de payer quarante centimes par heure le travail de vos ouvriers.
S'ils refusent de travailler à moins de cinquante
centimes, et si vous n'en trouvez pas d'autres qui

consentent à faire leur besogne à l'ancien prix, force vous est de reconnaître que l'heure vaut cinquante centimes; il faut payer le travail ce qu'il vaut, ou vous priver de ses services.

Le mécanisme de l'échange ne fonctionne pas sans secousses; il peut même arriver que, dans ses engrenages, un imprudent se prenne les doigts. Mais, comme nous avons tous besoin les uns des autres, on finit nécessairement par s'entendre. Le producteur est intéressé à livrer ses services pour le prix qu'on lui en offre; le consommateur a intérêt à s'approcher du prix qu'on lui demande, sous peine de renoncer l'un et l'autre au bénéfice de l'échange.

Or, l'échange a cela d'admirable, qu'il profite aux deux contractants dans une mesure presque toujours égale. Chacun des deux, en donnant ce qu'il a contre ce qu'il n'a pas, fait une bonne affaire.

Il paraît surprenant, à première vue, que deux individus puissent gagner simultanément l'un sur l'autre. C'est pourtant ce qui arrive dans tout échange libre et loyal. Quand un courtier met un acheteur et un vendeur en présence, il réclame à l'un et à l'autre une remise que tous les deux payent sans discuter : preuve qu'ils croient avoir gagné tous les deux à l'échange.

En effet, soit que vous vendiez, soit que vous
achetiez, vous faites un acte de préférence. Personne ne vous a contraint de céder tel de vos biens
contre tel bien d'autrui. C'est vous qui aimez mieux
donner ce que vous avez en trop contre ce que
vous avez en moins. N'eussiez-vous même rien de
trop, fussiez-vous un de ces malheureux qu'une
nécessité impitoyable réduit à échanger la couverture de leur lit contre le pain de quelques jours,
vous réalisez encore un gain, car vous livrez un
objet de nécessité secondaire contre un bien de
première nécessité. Si votre couverture vous était
actuellement plus utile que le pain, vous ne con-
sentiriez pas cet échange. Vous le faites, donc
vous reconnaissez qu'il vous est avantageux pour
le moment.

Quand vous entrez dans un magasin pour prendre un demi-kilo de bougie contre six grammes
d'un métal blanc, vous remerciez par instinct la
personne qui vous sert la bougie, et elle vous re-
mercie à son tour quand vous lui servez votre argent. Vous êtes dans le vrai, et le marchand y est
aussi, car vous venez d'échanger service pour service avec un autre homme, votre égal. Il vous a
donné un bien plus utile que l'argent pour l'emploi que vous en voulez faire. Si vous aviez gardé
votre monnaie en poche, si l'échange d'un bien

contre un autre vous eût été interdit, rien ne vous
empêcherait de vous casser le nez contre un meuble en rentrant chez vous; vous ne pourriez pas
lire à la clarté de votre argent le livre· qui vous
attend sur votre table de nuit.

En livrant sa lumière en bâtons contre votre
monnaie, le détaillant, ce modeste producteur, a
fait une bonne affaire, lui aussi. Il n'avait pas acquis la marchandise pour la consommer, mais
pour la vendre; il en devait le prix à un marchand
en gros, qu'il devra payer en argent, à l'échéance.
Vous l'aidez à remplir un engagement sacré, à liquider un échange antérieur. Vous lui donnez en
outre quelques centimes pour prix du service personnel qu'il vous a rendu. Et quel service? L'ignorez-vous? N'est-ce donc rien que d'avoir transporté, conservé, divisé à votre usage et mis pour
ainsi dire sous votre main un bien utile que vous
n'aviez ni le temps, ni peut-être le moyen
d'aller prendre en fabrique par quantité de cent
kilos?

Si les hommes raisonnaient un peu, ils seraient
tous en admiration et en reconnaissance devant le
mécanisme bienfaisant de l'échange. Il nous permet d'obtenir tous les biens qui nous manquent,
tous les services que nous ne pourrions nous rendre à nous-mêmes. Et à quel prix? Moyennant un

travail utile, n'importe lequel, qui est toujours laissé à notre choix.

Vous ne vous êtes peut-être pas demandé par quelle combinaison un ouvrier serrurier, par exemple, fabrique son pain, son vin, sa viande, ses habits, son logement, l'éducation de ses enfants et tous les biens utiles à coups de lime et de marteau.

Il n'a pas hérité d'un centiare de terre; il ne sait ni labourer, ni moissonner, ni moudre, ni pétrir; et pourtant il se nourrit de pain. Il n'a vendangé de sa vie, et il répare ses forces en buvant un verre de vin. Il n'a jamais élevé une tête de bétail, et il mange de la viande, et il se chausse de cuir. Il ne sait ni filer, ni tisser, ni coudre, et il a du linge et des habits. Deux forts chevaux, qu'il n'a pas nourris, le mènent à l'atelier, s'il est loin, et le ramènent. Il n'a jamais songé à se bâtir une maison, et il est logé, bien ou mal. Ses bras sont les seules armes qu'il ait à son service, et il vit en pleine sécurité : il ne craint ni les malfaiteurs de son pays, ni les armées européennes, dont l'effectif se monte à deux ou trois millions d'hommes. Il a des juges à lui, une police à lui, une armée toujours prête à combattre pour lui.

Qu'a-t-il fait aujourd'hui de huit heures du ma-

tin à six heures du soir, pour payer sa quote-part
de tant de biens et de tant de services?

Il a posé des sonnettes.

N'est-ce pas merveilleux? Mais le plus beau de
cette affaire, c'est que le travailleur en question
n'est l'obligé de personne; c'est qu'il ne redoit
rien, en fin de compte, à ceux qui l'ont vêtu,
nourri, logé, transporté, protégé. Il a donné l'é-
quivalent de tout ce qu'il a reçu; il a échangé ses
services contre les services d'autrui.

Sans doute, il doit une certaine reconnaissance
à ses contemporains dont le travail simplifie et fa-
cilite sa vie, mais ses contemporains lui en doivent
juste autant, par réciprocité. Et la balance restera
toujours égale, tant qu'il payera ce qu'il achète et
produira l'équivalent de ce qu'il consomme.

Nous avons tous besoin les uns des autres, car
nos besoins sont toujours plus variés que nos ap-
t tudes.

Pénétrons-nous de cette vérité, et nous serons
plus justes les uns pour les autres, et nous com-
prendrons que le premier échange à conclure entre
les hommes est un échange de bons sentiments et
de bons procédés.

Chacun de nous achète, vend, revend, et l'on
peut dire en général que l'équité préside à presque tous nos échanges. Mais la science des lois éco-

nomiques est si peu répandue que personne ne
subit les lois du marché sans protester un peu.
Nous nous servons les uns des autres en murmu-
rant les uns contre les autres. Nous fût-il smple-
ment démontré que l'on paye nos biens ou nos
services *au cours*, nous crions encore au voleur,
parce que l'on s'exagère la valeur de ce qu'on
donne et que l'on déprécie les choses qu'on reçoit.

La terre ne tourne pas une fois sur elle-même
sans que vous entendiez quelques plaintes des
prêteurs contre les emprunteurs, des emprunteurs
contre les prêteurs, des consommateurs contre les
marchands, des marchands contre les fabricants,
des fabricants contre les ouvriers, des ouvriers
contre leurs patrons. Les consommations collectives sont aussi fertiles en malentendus que les consommations privées : le public se plaint de trop
payer les services de ses fonctionnaires et les fonctionnaires de n'être pas payés selon leur mérite :
bref, une moitié du genre humain passe sa vie
à récriminer contre l'autre.

La vérité est que le prêteur rend service à l'emprunteur en lui cédant la jouissance d'un bien
utile; mais que l'emprunteur rend un service
équivalent au prêteur en lui restituant 105 francs,
par exemple, au lieu de 100 qu'il a reçus. Si ces

deux genres de bienfaits n'étaient pas généralement reconnus réciproques, il y aurait longtemps
que les prêteurs refuseraient de prêter ou que
les emprunteurs refuseraient d'emprunter. Les
commerçants rendent service aux consommateurs
en leur procurant la marchandise; le consommateur rend service au commerçant en lui payant la
marchandise plus cher qu'en fabrique. L'entrepreneur rend service à ses ouvriers en leur assurant
l'emploi régulier de leurs facultés, en leur prêtant un outillage souvent coûteux, en les affran-
chissant du tracas de la vente, en les garantissant
contre les risques du commerce. Les ouvriers
rendent service à l'entrepreneur en lui vendant
dix sous un service qu'il revend quelquefois plus
d'un franc. Les employés publics rendent service
au peuple en faisant ses affaires; le peuple leur
rend service en les invitant à émarger tous les
mois.

Si vous pensez que vos services ne sont pas
payés ce qu'ils valent, vous avez toujours le droit
de les vendre au plus offrant. Si vous trouvez
qu'on vous vend un service trop cher, vous êtes
libre de l'adjuger au rabais ou de vous le rendre
à vous-même, ou de vous en passer, s'il n'est pas
indispensable.

Que chacun se procure le nécessaire au prix

qu'il peut; marchandons tant qu'il nous plaira :
rien n'est plus juste. Mais pour Dieu, renonçons
à la déplorable habitude de nous croire exploités
par ceux qui nous servent et de les traiter en inférieurs.

Lorsque Pierre prend son sucre et son café
chez Paul, il se croit par cela même bien supérieur à lui. « C'est mon fournisseur! » Soit! il
est ton fournisseur de denrées coloniales, mais tu
es son fournisseur d'or et d'argent. L'or et l'argent sont des denrées coloniales aussi. La boutique a raison de croire qu'elle fait aller la fabrique;
l'industriel regarde à bon droit le marchand
comme son obligé; l'entrepreneur dit qu'il fait
vivre ses ouvriers; c'est vrai; les ouvriers crient
qu'ils font vivre les entrepreneurs; c'est juste. Le
domestique dit en parlant de son maître : Un
homme que j'ai servi dix ans! Le maître répond
en parlant de son domestique : Un garçon que
j'ai logé, nourri, habillé pendant dix ans! Ils ne
mentent ni l'un ni l'autre, mais ils ont tort d'ou-
blier qu'ils ont reçu l'équivalent de leurs services et de traiter en débiteur celui qui les a
payés.

L'échange de quantités égales ne saurait devenir une source d'inégalité.

Nous sommes tous égaux en droit, c'est-à-dire

que la personne humaine, aussi loin qu'elle s'é-
tend, est partout également inviolable et sacrée.

Nous sommes inégaux en force, en intelligence,
en vertu, en activité, en richesse. L'un produit
plus et l'autre moins, selon l'âge, l'aptitude, le
courage et l'outillage. Mais l'échange ne portant
que sur des services égaux entre eux, ne saurait
subordonner un producteur à un autre. Le million
dit au franc : Donne-moi un sou et je te rendrai
cinq centimes. A la suite de cette opération, le
million et le franc conservent leurs positions res-
pectives : le million serait un sot s'il se croyait le
bienfaiteur du franc; le franc serait un fou s'il se
croyait exploité par le million.

L'échange n'aggrave donc pas cette inégalité
des fortunes qui fait le désespoir des envieux.
Mais il n'a pas non plus pour effet de niveler la
richesse. Il profite, dans une égale proportion,
aux riches et aux pauvres, en permettant à chacun de choisir le bien le plus utile ou le plus
agréable. Ce qui tend à niveler les conditions
humaines, c'est la paresse et la prodigalité de
ceux qui possèdent, le travail et l'épargne de ceux
qui veulent posséder.

Si le dogme de la solidarité humaine avait besoin d'être prouvé, le mécanisme de l'échange en
fournirait une démonstration éclatante.

L'offre produit la baisse, c'est-à-dire que tous les biens utiles coûtent d'autant moins cher qu'ils sont plus abondants.

Si la quantité d'aliments, d'abris, de vêtements, de choses utiles, venait à doubler sur la terre, nous obtiendrions en cinq heures de travail ce que nous obtenons en dix. Si la totalité des choses utiles était réduite de moitié, il faudrait travailler vingt heures pour avoir ce qui nous en coûte dix. Cela n'est pas une simple hypothèse, mais une vérité démontrée par l'expérience.

Tous les hommes, sans exception, sont-ils intéressés à acquérir toutes choses à bon marché, c'est-à-dire à obtenir le plus de biens possible en échange du moindre travail?

Oui.

Donc tous les hommes ont un égal intérêt à empêcher la destruction, à favoriser la production et l'épargne.

La destruction d'un bien, quel qu'il soit, affecte directement son possesseur, indirectement tous les autres hommes. L'incendie d'un quartier fait hausser les loyers dans toute une ville; démolissez le quart des maisons construites sur la terre, tous les loyers hausseront d'un quart. Saccagez la moitié des récoltes de blé, et le pain coûtera deux fois plus cher l'année prochaine. Arrêtez la pro-

duction du coton dans quelques provinces améri-
caines, et les menuisiers de Paris payeront leurs
chemises plus cher. Lorsqu'un dock, un grand
magasin périt n'importe où, à Londres ou à Bordeaux, avec les marchandises qu'il renferme, la
provision du genre humain est diminuée d'autant,
et la perte se répartit sur tous les hommes. Le
pillage et le vol équivalent, nous l'avons dit, à la
destruction des biens. Voilà comment chacun de
nous est poussé par un mouvement naturel à
éteindre les incendies, à réprimer les crimes, à
combattre énergiquement tous les fléaux qui menacent le bien d'autrui. Voilà pourquoi l'instinct,
avant le raisonnement, vous attriste à la nouvelle
d'une guerre ou d'un naufrage.

Les grandes épidémies, aussi bien que la
guerre et les naufrages, suppriment une multitude d'individus valides, capables de rembourser à la communauté humaine les avances qu'elle
a faites pour eux. Donc, si vous raisonnez, vous
aurez le cœur en deuil chaque fois que l'on
vous annoncera une destruction d'hommes. Les
égoïstes diront : « Que m'importe le choléra, s'il
est aux Indes? Qu'ai-je à craindre de la guerre
civile, si elle se débat entre Américains? Les Taï-
pings ont égorgé toute la population d'une province, mais je m'en moque bien : c'est en Chine!»

Voici ce que vous répondrez aux malheureux qu'aveugle l'intérêt mal entendu :

Ni les distances qui nous séparent, ni les diversités d'origine, de couleur et de civilisation qui nous distinguent, ni même les malentendus qui nous arment parfois les uns contre les autres n'empêchent l'humanité de former un grand corps. La somme de biens utiles qui se produit en une année à la surface du globe constitue la recette collective du genre humain; la somme de produits qui y est consommée représente sa dépense; le total des épargnes qu'on réalise en un an s'ajoute au capital social et fait l'humanité plus riche. Plus la grande communauté des hommes sera riche, plus l'individu obtiendra de biens utiles en échange de son travail quotidien. Donc un simple ouvrier qui lime et qui polit le métal dans une mansarde parisienne est intéressé à ce que l'on produise le plus de soie possible en Chine, le plus de laine possible en Australie, le plus de fer possible en Suède, et à ce qu'on y détruise le moins de biens qu'il sera possible : car plus les biens utiles abonderont ici-bas, plus le travail que nous faisons, vous et moi, sera récompensé par l'échange.

Or, tous les biens utiles sont les produits de l'homme, et de l'homme fait. Le jour où cent

mille hommes faits tombent sur un champ de bataille, il y a cent mille travailleurs de moins, et
la production collective de l'humanité décroît d'autant. Je sais que ce grand vide sera bientôt com-
blé par de nouvelles naissances, mais cent mille
enfants nouveau-nés ne remplacent pas cent mille
hommes. Il se passera vingt années avant qu'ils
fassent rien d'utile, et pendant ces vingt ans, la
communauté du genre humain, dont nous sommes, devra les nourrir à crédit. La destruction de
cent mille hommes est donc une perte réelle, qui
se répartit sur le genre humain tout entier, sans
excepter le vainqueur de cette grande bataille.
Il a obtenu les avantages qu'il désirait le plus
pour le moment. Mais les querelles ne sont qu'un
accident dans la vie de l'humanité; les plus gros
ses questions politiques n'ont qu'un temps : l'intérêt économique qui nous rend tous solidaires
est éternel et immuable. Deux peuples se font
la guerre aujourd'hui, mais ils préparent leurs
échantillons d'échange pour la grande exposition
de demain.

Je croirais faire injure aux Français qui me li-
sent si j'insistais davantage sur ce point, mais il
n'est malheureusement pas inutile de démontrer
à nos contemporains deux autres vérités tout aussi
positives.

La première, c'est que tous les hommes, sans exception, ont un intérêt personnel à instruire les autres hommes.

La deuxième, c'est que tous les hommes, sans exception, sont personnellement intéressés à enrichir les autres hommes.

Je le déclare, à la barbe des mauvais riches (s'il en reste) et des méchants pauvres (s'il y en a) : oui, la solidarité humaine va jusque-là. Nos destins sont si étroitement enchaînés par les liens de l'échange.

Ni les riches ni les pauvres ne sont injustes pour le plaisir de l'être. Mais de même que chaque corps d'état est sujet à une maladie professionnelle, chacune des grandes classes de la société est exposée à des préjugés spéciaux.

Or le pauvre et le riche ont toujours eu des courtisans qui les enfonçaient dans l'erreur au lieu de les en arracher; qui les excitaient l'un contre l'autre, au lieu de leur prêcher la paix et la concorde. Pour une fois que le riche entendait dire : « Il est de votre intérêt d'enrichir et d'éclairer les pauvres, » on lui a répété vingt fois sur tous les tons :

« N'écoutez pas ceux qui vous bernent sous prétexte de vous servir. Chacun pour soi. Vous êtes riche, instruit; vous occupez, grâce à Dieu, une position élevée; vous planez à deux cent mille francs de rente au-dessus de ceux qui n'ont rien. Dans quel but iriez-vous effacer vous-même la distance qui fait votre grandeur? J'admets qu'il ne vous en coûte rien; que vous puissiez orner l'esprit de Pierre et donner des rentes à Paul sans vous dépouiller d'un centime. Vous ne serez plus ce que vous étiez relativement à ces gaillards-là. Ils prétendront marcher de pair avec vous, vous vous serez fabriqué des égaux, et alors, qui est-ce qui cirera vos bottes? Une société, pour être stable, repose sur l'inégalité des conditions. Il faut des pauvres, ne fût-ce que pour servir les riches, et les pauvres ne sont maniables que si leur misère est doublée d'ignorance. Quand tous les hommes sauront lire, il n'y aura plus un quart d'heure de stabilité dans les affaires de ce monde. »

Les malheureux, qui sont, hélas! en grande majorité sur la terre, n'ont pas besoin qu'on leur apprenne à détester les millions du riche. Trop honnêtes pour forcer sa caisse, ils ressentent une sorte de chatouillement agréable à la nouvelle qu'un scélérat l'a forcée.

Ils ne mettront pas le feu à sa maison, ils iront même l'éteindre au péril de leurs jours; mais si vous leur contez que tel hôtel est réduit en cendres, que telle cassette pleine d'or ou de diamants

a disparu dans la bagarre, vous les verrez plus près
d'en rire que d'en pleurer. A quelque page que
l'on ouvre l'histoire, on y trouve une multitude
ignorante et souffrante qui ne craint pas les dés-
astres publics, qui les souhaiterait plutôt, comme
un malade fatigué d'être au lit réclame les poisons et les couteaux de l'empirique, et qui trouve
une sorte de consolation désespérée à rêver l'é-
croulement de l'édifice social. En tout pays, en tout
temps, ces infortunés ont des courtisans intéressés qui leur disent : « Abîmez tout! vous n'avez
rien à perdre! »

— Pauvres gens! Vous avez à perdre tout ce que
les autres hommes possèdent autour de vous. Votre
condition présente est assez dure, j'en conviens;
elle serait intolérable si quelque catastrophe vous
dépouillait de ce que vous n'avez pas. Toute cette
abondance de biens que l'épargne a accumulée
entre les mains des autres n'est pas en votre possession, pour le moment, mais elle est à votre disposition, à votre service, à votre portée. Est-ce à
dire qu'il vous suffit d'étendre la main pour puiser au trésor commun? Pas tout à fait, mais il
suffit d'un geste un peu plus compliqué. Remuez
les bras, mes amis, et l'échange vous permettra de
puiser dans tous les trésors de la terre, dans les
greniers du laboureur, dans les caves du vigne-

ron, dans les magasins de l'industriel, dans les coffres du banquier. Vous pouvez, heureux pauvres que vous êtes, choisir entre toutes les richesses de ce monde, à la condition de fournir un travail équivalent.

Réjouissez-vous donc de voir autour de vous cette énorme accumulation de biens utiles, car, plus il y en a, moins ils coûtent, et remerciez le sort de vous avoir fait naître dans un temps et dans un pays riches. Rendez grâce aux innombrables générations de producteurs laborieux et économes qui ont laissé après eux tant de choses belles et bonnes. Il y a cinq cents ans, dans un siècle moins fortuné que le vôtre, vous auriez travaillé quatre jours pour obtenir ce qui vous coûte dix heures de travail. A mille lieues d'ici, dans tel pays plus pauvre que la France, l'homme fait un effort quadruple du vôtre pour gagner moins que vous.

Je livre ce raisonnement à la méditation des prolétaires, c'est-à-dire de ceux qui, comme moi, n'ont apporté d'autre capital en ce monde que leur tête et leurs bras. Et comme la question est grave, je ne crois pas mal faire en insistant un peu.

Chacun de nous, pour vivre, a besoin d'obtenir deux sortes de services : d'abord des services ac-

tuels, contemporains, simultanés pour ainsi dire ;
le boulanger, tandis qu'il pétrit sa pâte, a besoin
qu'un vigneron lui récolte du vin, qu'un tailleur
lui couse des habits, qu'une blanchisseuse lui re-
passe des chemises. Ces services divers s'échangent par réciprocité entre les hommes vivants.
Mais la vie humaine, en pays civilisé, réclame des
services d'une autre nature, dont la source re-
monte bien au delà de notre naissance et qu'on
pourrait appeler bienfaits des morts. Si vous ré-
fléchissez seulement deux minutes, vous penserez
qu'au moment de votre naissance il y avait ici-bas
des maisons construites, des meubles, des outils,
des terrains défrichés, des métaux travaillés, des
approvisionnements de tout genre, en un mot des
richesses produites par le travail, et que les auteurs de ces biens étaient presque tous morts avant
qu'il fût question de vous. On peut dire sans exagération que la plus grande partie des richesses
existantes est un bienfait des morts. L'ensemble
de ces biens solides compose le capital du genre
humain. C'est tout ce que les hommes ont épargné
depuis le commencement des siècles; en autres
termes, tout ce que l'humanité a produit sans le
consommer.

Mais les bienfaits des morts appartiennent à leurs
héritiers, et le prolétaire n'a hérité de personne.

Comment obtiendra-t-il une part de ces richesses sans lesquelles il ne saurait vivre?

En échangeant une partie de son travail actuel contre une fraction du travail consolidé. Sur dix heures qu'il passe à l'atelier, il y en a six ou sept qui seront échangées, sans qu'il s'en doute, contre le temps et le travail d'autres prolétaires, ses contemporains, qui se fatiguent pour lui tandis qu'il se fatigue pour eux. Le reste est consacré à payer la jouissance ou la possession de biens durables qui existaient sur la terre avant lui : le loyer de sa maison, ses meubles, ses outils, l'intérêt des petites sommes qu'il emprunte, etc.

D'un autre côté, l'héritier des morts, propriétaire ou capitaliste, fait une opération inverse : il échange une partie de ses biens consolidés contre une certaine quantité de travail actuel. Lorsqu'il paye les gages de ses serviteurs, que fait-il? Il donne un peu de capital, ou de travail ancien, contre une somme équivalente de travail nouveau. Lorsqu'il *fait travailler*, lorsqu'il envoie son maître d'hôtel au marché, lorsqu'il achète une paire de chevaux, c'est toujours le même commerce : il échange un produit de vieille date contre des produits plus récents dont il ne saurait se passer.

Ainsi, les détenteurs de capitaux ont absolument besoin de la main-d'œuvre, de même que la main-

d'œuvre, pour se loger, pour s'outiller, pour vivre,
a besoin des capitaux.

Il est malheureusement sûr que si les capitalistes étaient admis à régler seuls les conditions
de l'échange, ils feraient en sorte d'obtenir beaucoup en donnant peu. Il n'est pas moins certain
que si les prolétaires pouvaient fixer arbitrairement le tarif de leurs services, ils se feraient payer
aussi cher que possible; mais l'offre et la demande viennent équilibrer ces prétentions réciproques.

Or nous avons admis, sur la foi de l'expérience,
que l'offre entraîne nécessairement la baisse, et
que plus une marchandise abonde, plus on l'obtient à bon marché.

Donc il est évident que plus il y aura de capitaux ou de biens consolidés sur la terre, plus la
main-d'œuvre pourra les obtenir à bon marché
ou se faire payer cher, ce qui est tout un.

Les prolétaires sont intéressés à ce que le travail de leurs mains soit mis aux enchères par la
concurrence des capitalistes. C'est à ce prix qu'ils
parviendront à gagner non-seulement le nécessaire, mais le superflu, et à devenir capitalistes à
leur tour, s'ils sont sages, car les épargnes du présent sont les capitaux de l'avenir.

Donc, au lieu de maugréer contre la fortune

d'autrui, le prolétaire doit souhaiter qu'il y ait autant de riches que possible.

Ce qu'il fallait démontrer.

Quant à vous, messieurs les riches, vous feriez la plus sotte affaire du monde, si vous rêviez d'éterniser la misère et l'ignorance d'autrui.

Ignorez-vous que l'ignorance et la misère condamnent l'individu le plus sain et le plus robuste à une quasi-stérilité?

Que plus on sait, plus on est capable de produire? Qu'à égalité de bon vouloir, un prolétaire instruit rend dix fois plus de services qu'un ignorant?

Que l'outillage, c'est-à-dire un commencement de richesse, décuple et centuple souvent la quantité de travail utile?

Que le travail actuel, contemporain, dont vous ne sauriez vous passer, vous coûtera d'autant moins qu'il sera plus offert, sera d'autant plus offert qu'il sera plus facile, et d'autant plus facile qu'il sera plus éclairé et mieux outillé?

Je n'ajoute que pour mémoire une considération qui vaut son prix : c'est que la sécurité de vos personnes et de vos biens ira toujours croissant en proportion de l'aisance et de l'instruction publiques.

Nierez-vous maintenant que l'intérêt bien entendu vous pousse à instruire et à enrichir ceux qui n'ont rien?

Ainsi, le pauvre doit souhaiter l'opulence au riche, et cela dans son propre intérêt.

Le riche doit souhaiter l'aisance au pauvre, et cela par égoïsme pur.

Et l'économie sociale s'élève à une telle hauteur qu'elle se confond avec la morale universelle.

Car la raison de l'homme est une, et il n'y a point de vérités inconciliables entre elles.

Mais qu'arriverait-il si les pauvres, par calcul, s'appliquaient à enrichir les riches? Si les riches, par un sage égoïsme, s'appliquaient à enrichir les pauvres? Qui est-ce qui ferait la bonne affaire en pareil cas?

Tout le monde.

La surface que nous habitons est limitée, mais la production des biens utiles est sans limites. Ah! les belles victoires et les vastes conquêtes, si, au lieu de batailler les uns contre les autres, nous unissions tous nos efforts contre l'aveugle et stupide néant!

VI

LA LIBERTÉ

Nous avons vu la saine économie donner la main à la morale et contre-signer, après elle, la loi de solidarité.

Hier elle vous disait : Tous les hommes sont frères.

Elle vient vous dire aujourd'hui : Tous les hommes sont libres.

Libres de travailler quand et comme il leur plaît, de produire, de consommer, d'échanger, à prix débattu, les biens et les services de tout genre.

Cela découle de la définition même du droit. En

principe, l'individu fait légitimement tout ce qui
lui plaît, pourvu qu'il ne nuise à personne. Son
droit n'a pour limite que le droit d'autrui. La
seule barrière qui l'arrête est l'inviolabilité des
autres hommes, respectable et sacrée au même
degré que la sienne.

Donc il est naturel et juste que je choisisse entre
tous les travaux utiles celui qui s'accommode le
mieux à mes facultés; que je produise les biens
qu'il me plaît de produire, que j'en consomme ce
que je veux, et que j'échange le surplus, de gré
à gré, contre les biens qui me semblent préféra-
bles.

Cette déduction est si logique qu'on est presque
honteux de l'écrire pour l'enseignement d'un peuple éclairé.

Mais il y a dans l'ordre moral, comme dans
l'ordre physique, des mines aussi vieilles que le
monde et découvertes depuis hier. L'or a dormi
longtemps dans les placers de la Californie avant
d'éblouir l'Europe et l'Amérique; la véritable notion du droit a sommeillé longtemps dans les profondeurs de la conscience avant d'éclairer le genre
humain.

Songez donc que depuis l'origine des siècles jusqu'au jour où nous agitons ensemble cette grande
question, il y a eu des esclaves ici-bas! Des escla-

ves, c'est-à-dire des hommes qui ne s'appartiennent pas à eux-mêmes et qui sont comme les mains, les bras et les pieds d'une autre tête. La première fois qu'un vainqueur, par satiété ou par fatigue, n'a voulu ni manger ni égorger son vaincu, il lui a dit : « Je te laisse la vie, à condition que tu vivras pour moi. Ton travail m'appartient; tout ce que tu produiras sera ma chose, y compris tes enfants, s'il me plaît de t'accoupler. Entre dans cette étable d'hommes et attends-y tes compagnons! » Songez que cette noble France où nous nous honorons d'être nés n'a aboli le servage sur son territoire qu'en 1789, et l'esclavage dans ses colonies qu'en 1848. Rappelez-vous que la servitude est encore une institution florissante dans quatre parties du monde sur cinq, et conservée dans un coin de la cinquième.

La production de l'esclave est arbitrairement déterminée par le maître. C'est le maître qui lui dit : Tu cultiveras la terre; ou : Tu tourneras une meule; ou : Tu feras l'éducation de mes fils.

La consommation de l'esclave est réglée par le maître : « Voici ton vêtement pour l'année et ta ration pour la journée. »

D'échange, entre le maître et l'esclave, il n'en est pas question. L'un ne doit rien, l'autre doit tout.

Entre la servitude absolue et la liberté absolue,

se place une forme intermédiaire : la tutelle. La
population libre de la France est restée en tutelle
jusqu'à 1789.

Si vous analysez de bonne foi, sans dénigrement,
le principe de notre vieille monarchie, voici ce
que vous en tirez :

Le roi, délégué par le ciel au gouvernement
d'un grand peuple et d'un vaste territoire, doit
représenter la Providence ici-bas en assurant, s'il
est possible, le bonheur de ses sujets. Son pouvoir
absolu n'est qu'un instrument dont il use au profit de quelques millions d'hommes, ou, pour mieux
dire, d'enfants; car tous les Français sont mineurs,
relativement à lui. Comme un père à ses fils, il
interdit à ses sujets les dépenses qui lui paraissent
exagérées, il publie des édits contre le luxe de la
table, des voitures ou des habits. Les lois somp-
tuaires, destinées à limiter la consommation d'un
chacun, se succèdent depuis Charlemagne jusqu'aux
derniers jours de Louis XIV. Et l'*Encyclopédie* de
Diderot, le plus audacieux monument de l'esprit
français avant 89, souhaite naïvement que ces lois
puissent être exécutées.

Un bon père prémunit ses enfants contre le danger des mauvaises lectures. Le roi lit tous les livres avant son peuple et ne laisse imprimer que
les bons, ou jugés tels.

L'autorité paternelle assigne une carrière à chacun des enfants. Le roi permet aux uns les professions qu'il interdit aux autres. Il en réserve quelques-unes pour lui-même; il décide que telle industrie fleurira à telle place, en telles mains, et que nul n'y pourra toucher sans autorisation. Chaque corps de métier s'organise à l'abri d'un bon et solide privilége; le métier tend à devenir héréditaire, comme en Égypte, suivant l'idéal proposé par Bossuet dans son discours au grand dauphin :

« La loi assignait à chacun son état, qui se perpétuait de père en fils. On ne pouvait ni en avoir deux, ni changer de profession... on faisait mieux ce qu'on avait vu faire et à quoi on s'était uniquement exercé dès son enfance. »

Les plus nobles esprits de l'ancien régime, même lorsqu'ils se lançaient dans l'utopie, n'allaient pas au delà d'une tutelle perfectionnée. Voyez plutôt Fénelon dans sa monarchie imaginaire de Salente. Il fixe l'étendue de terre que chaque famille pourra posséder; il impose un plan officiel à toutes les habitations privées, il détermine le vêtement de tous les citoyens suivant leur rang, il rédige le menu de leur repas, limite la quantité de vin qu'ils pourront boire, interdit la consommation des liqueurs, des parfums, des broderies riches,

des étoffes façonnées, de l'orfévrerie, de la musique efféminée; il règle le mobilier de chaque famille, arrache la moitié des vignes du pays, prend
tous les ouvriers de luxe et les envoie aux champs,
décrète l'amende et même la prison contre ceux
de ces pauvres qui cultiveront mal leur terre, éta-
blit « des magistrats à qui les marchands rendaient
compte de leurs effets, de leurs profits, de leur dépense et de leurs entreprises. Il ne leur était jamais permis de risquer le bien d'autrui, et ils ne
pouvaient même risquer que la moitié du leur....
D'ailleurs la liberté du commerce était entière. »

Qu'en pensez-vous?

Ce n'est pas sans dessein que j'ai cité deux livres écrits sous l'œil du grand roi, par deux pré-
cepteurs royaux, pour instruire deux héritiers du
trône.

La royauté de droit divin croyait bien faire en
touchant à tout; elle imitait, dans la mesure de
ses pauvres moyens, cette Providence d'en haut,
qui surveille jusqu'aux infiniment petits du monde.
Le prince était de bonne foi lorsqu'il privilégiait
presque toutes les industries, lorsqu'il déterminait
les conditions de capacité, de moralité et de finance sans lesquelles personne ne pourrait être
orfévre, ébéniste ou drapier.

Tandis qu'un certain nombre de citoyens étaient

exclus de l'industrio pour cause d'infériorité, d'autres en étaient éloignés pour cause de noblesse. Un gentilhomme ne pouvait travailler de ses mains ni commercer en petit sans déchoir. Le roi pensait alors, comme presque tout le peuple, que l'oisiveté est plus digno de l'homme que le travail pénible ou assujettissant.

Le roi croyait sincèrement protéger ses sujets en prohibant la sortie de tel produit et l'entrée de tel autre. On maintint même jusqu'à Colbert une multitude de douanes intérieures qui empêchaient les gens d'une province d'échanger leurs produits avec d'autres Français, leurs voisins. Le tout pour la plus grande prospérité du peuple, croyait-on.

Les producteurs autorisés n'hésitaient pas à préférer leur monopole au droit commun; mais ils n'étaient ni bien heureux ni bien libres. En octroyant les priviléges, la monarchie avait pour ainsi dire doublé sa responsabilité; elle le savait et agissait en conséquence. Le sentiment de son devoir la conduisit à régler tout, à surveiller tout, à contrôler tous les produits. Une pièce de drap ne sortait de la fabrique, comme un volume de l'imprimerie, qu'avec l'endos et la garantie du gouvernement.

La logique obligeait nos rois à pousser jusqu'au bout les conséquences d'un tel système. Un père

ne doit pas souffrir que ses enfants se traitent de
Turc à More et gagnent trop l'un sur l'autre. Il
fallait donc intervenir entre le vendeur et l'acheteur, entre le prêteur et l'emprunteur, entre le
patron et l'ouvrier, non-seulement pour prévenir
la fraude, mais pour limiter les profits de chacun.
De là ces lois de maximum qui traversent toute
notre histoire, et dont quelques-unes, en vertu de
la vitesse acquise, sont arrivées jusqu'à nos jours.
Pour n'en citer qu'une seule, le taux légal de l'intérêt fut de 8 pour 100 environ jusqu'en 1602,
d'environ 6 pour 100 jusqu'en 1634, de 5 et demi
pour 100 jusqu'en 1665, où le roi le mit à 5 pour
100. Un édit de 1730 le réduisit à 2 pour 100, mais
sans résultat; en 1724, il fut de 3 et un tiers pour
100, pour remonter à 5 pour 100 l'année suivante.
Mais le taux des intérêts n'était pas le même dans
toutes les provinces du royaume; les parlements
refusaient quelquefois d'enregistrer les édits, et
d'ailleurs les lois de l'offre et de la demande eu-
rent toujours plus d'autorité que le pouvoir absolu du roi.

Je laisse de côté toutes les injustices de l'ancien
régime, la répartition arbitraire des charges, l'inégalité des hommes érigée en principe et corrom-
pant tous les contrats, l'exploitation de la classe
laborieuse par une poignée d'oisifs, les tributs pré-

levés par le riche sur le travail du pauvre, la dîme,
la corvée, la banalité, le champart, le banvin, sans
préjudice de l'impôt rationnel que le citoyen doit
toujours payer à l'État. Je n'étudie dans cette organisation que les effets de la tutelle royale et le
mal qu'elle produisait à bonne intention. Le bon
vouloir des rois n'était pas douteux; ils avaient
un intérêt direct à faire la fortune de leurs peuples. C'est dans ce but qu'ils réglaient tout : le
travail, le repos, la culture, l'industrie, les se-
mailles, les récoltes, la production et le commerce,
substituant leur prétendue sagesse à la prétendue
incapacité des citoyens. L'ordre social semblait
fondé sur ce principe que l'homme livré à lui-
même est incapable de bien faire. Tout le peuple
marchait aux lisières, comme un grand enfant,
mené par son roi; et la prudence des gouvernants
combinée avec la patience de gouvernés nous me-
nait droit à la ruine!

Nous avons tous entendu dire que la Révolution
de 89 avait remplacé la tutelle par la liberté. Qui
de nous n'a senti son cœur battre au récit de l'admirable nuit du 4 août? Pour ma part, je ne sais
rien de plus beau que cette hécatombe des priviléges et d'abus spontanément immolés par les privilégiés eux-mêmes.

. Mais si vous lisez l'histoire d'un peu près, la

période révolutionnaire, malgré sa grandeur et sa gloire, vous apparaît comme une suspension générale de toutes les libertés. Il semble que le soleil ne soit apparu un instant que pour s'éclipser aussitôt. Le bilan de ces dix années que l'Europe nous envie à bon droit peut s'établir ainsi : dévouement, patriotisme, courage civil et militaire à discrétion; libertés politiques et économiques, néant.

Et je le dis sans accuser personne. La liberté politique est impossible en temps de révolution. Chacun poursuit son idéal de gouvernement et voit des conspirateurs dans tous ceux qui ne pensent pas exactement comme lui. De là les haines, les vengeances et les mesures de salut public.

Les libertés économiques ne sont pas moins incompatibles avec l'incertitude et l'agitation des esprits. En l'absence de lois stables et incontestées, chacun craint non-seulement d'être asservi, mais d'être volé ou affamé. Dans tous les mouvements populaires de notre grande révolution, les chefs sont dirigés par une idée politique, vraie ou fausse, la masse croit résoudre un problème d'économie sociale : la question du pain.

La Bastille était à peine démolie quand le peuple de Paris égorgea Foulon et Berthier. Pour quel crime? Parce que le pain était cher; on accusait ces malheureux d'accaparer le blé. Le 5 octobre, Paris se précipite sur Versailles et contraint Louis XVI de s'installer aux Tuileries : on croyait que sa présence ferait baisser le prix du pain. L'abondance ne venant pas, on s'en prend aux boulangers, et le malheureux François est mis à la lanterne.

Lorsque le faible devient fort, lorsque l'opprimé devient libre, son premier mouvement n'est pas d'user, mais d'abuser. Déliez les mains d'un brave homme enchaîné sans cause légitime : il ne jettera pas la chaîne, il la ramassera avec soin pour l'attacher aux mains de celui qui la lui a donnée. S'il agissait autrement, il ne serait pas un homme, mais un ange. Voilà pourquoi les masses ignorantes, qui composaient alors la majorité du peuple français, improvisèrent une économie sociale à leur usage et à leur avantage. Le pauvre avait été positivement exploité par les classes privilégiées : il ne se contenta point d'assister à la suppression des abus, il voulut les retourner contre le riche, comme un vainqueur tourne contre l'ennemi les pièces de canon qu'il lui a prises. L'histoire des spoliations révolutionnaires est trop connue pour que j'aie à la raconter. Mais on ne s'arrête pas sur la pente de l'arbitraire : le pauvre en vint à dépouiller le pauvre, partout où il se trouva le plus fort. Par exemple, au marché d'Étampes, les acheteurs se dirent un beau matin : « On a toujours taxé le blé contre nous; aujourd'hui, de notre autorité privée, nous le taxons pour nous. » C'était voler le laboureur, qui certes, en 91, n'était pas riche.

Le maire de la ville osa défendre la liberté commerciale et les principes de la saine économie politique : on l'égorgea sur le marché. Vers le même temps, à Paris, les faubourgs s'avisaient de taxer l'épicerie à leur guise, et tous les petits marchands furent ruinés en un jour. Mais ces actes de violence, quoique impunis par l'Assemblée législative, n'avaient aucun caractère légal. Deux ans plus tard, la Convention organisa légalement la ruine de tout le commerce par les lois de l'accaparement et du maximum. Était accapareur quiconque dérobait à la circulation les denrées de première nécessité : grains, farines, pain, vin, viande, comestibles, fer, cuir, drap, étoffes. Quiconque en possédait une certaine quantité était tenu, sous peine de mort, de la mettre en vente, au détail, et les autorités fixaient le prix maximum de toutes choses. Et l'on était accapareur à bon marché, car le Girondin Valazé, dans son rapport à la Convention, dénonça Louis XVI comme un accapareur de blé, de sucre et de café.

Pauvre homme! Les journaux lui avaient reproché les pêches qu'il mangeait, à la séance du 10 août.

Au point de vue de la liberté commerciale, accaparer n'est ni un crime, ni un délit; mais c'est souvent une sottise qui coûte cher à son auteur. Si quelque Parisien s'avisait aujourd'hui de rafler tous les blés disponibles à la Halle pour les revendre en hausse le mois prochain, la seule annonce d'un déficit ferait accourir à Paris tous les cultivateurs de la banlieue avec des millions d'hectolitres. Il faudrait que l'accapareur achetât tout ce qui se présente ou renonçât au bénéfice de sa spéculation. Et, lorsqu'il aurait acheté les récoltes de la banlieue, tous les départements voisins accourraient au marché, et, s'il achetait encore tout, il verrait affluer les blés de l'Est et de l'Ouest, du Nord et du Midi, de la Corse et de l'Algérie. Et, fût-il assez riche pour accaparer toute la réserve nationale, l'Allemagne, la Belgique, l'Angleterre, l'Espagne, l'Italie, l'Égypte et la Russie du Sud viendraient jeter leurs produits sur la place, et l'imprudent haussier ne récolterait que la baisse.

Le blé fut cher pendant toute la Révolution; la France entière souffrait de la disette, excepté les Parisiens qui par un privilége tout despotique étaient nourris aux frais de la nation. On leur *donnait* le pain au prix de trois sous la livre, trois sous en assignats! Or il y eut un moment où trois sous en assignats ne valaient pas la centième partie d'un centime en argent, puisque 2000 fr. de papier représentaient 15 sous. Le pays donnait plus de 90 millions argent, chaque année, pour procurer cette petite douceur aux habitants de Paris. Partout ailleurs les denrées nécessaires à la vie étaient hors de prix, et le peuple ne savait à qui s'en prendre. Le peuple est toujours dans le même embarras quand il fait une révolution, car les révolutions ramènent inévitablement la disette, et l'on a beau chercher, on ne met jamais la main sur les vrais accapareurs.

. Hélas! c'est que la cause unique de cette cherté est la révolution elle-même. C'est elle qui tarit la prospérité publique à sa source.

Le bon marché ne peut naître que de l'abondance.

L'abondance ne peut venir que du travail.

Et il n'y a point de travail sans sécurité, point de sécurité sans le jeu régulier des lois et des institutions nationales.

Les citoyens pauvres de Paris touchaient une indemnité de deux francs, en argent, lorsqu'ils assistaient aux assemblées de leurs sections, et les sections se réunissaient deux fois par semaine. Ces quatre francs n'étaient pas seulement une subvention ridicule; c'était un lourd impôt prélevé sur le travail des provinces pour empêcher le travail à Paris.

Tous les régimes qui se sont succédé nous offrent un spectacle uniforme. C'est toujours le Pouvoir sérieusement appliqué à couvrir de sa tutelle les intérêts économiques des citoyens, et toujours une Opposition qui, pour renverser le Pouvoir, promet d'inaugurer un autre système de tutelle. L'autorité *qui est*, protége ou croit protéger ceux qui possèdent; l'autorité *qui veut être*, promet sa protection à ceux qui n'ont pas. Vieux champ de bataille, et toujours stérile, malgré le sang dont nous l'avons arrosé.

Le socialisme, qu'on peut discuter aujourd'hui sans passion, a livré son dernier combat sous nos yeux, en juin 1848. Il est non-seulement vaincu, mais désarmé par le progrès des lumières et le redressement des esprits. Parmi ceux qui travaillent et qui souffrent dans la société française, on ne trouverait plus mille hommes assez ignorants de leur propre intérêt pour chercher un soulagement dans le désordre et la violence. Le problème de l'aisance universelle n'est pas encore résolu, je l'avoue, mais il est sainement posé, et c'est beaucoup.

C'est beaucoup que les travailleurs aient appris
à se tenir en garde contre les charlatans de l'économie politique, ces vendeurs de pierre philoso-
phale qui promettent de doubler nos richesses en
arrêtant le labeur qui les produit.

C'est beaucoup que les efforts tentés pour organiser despotiquement le travail aient échoué sous
les yeux de la foule, et que les déshérités eux-
mêmes aient compris que leur salut ne pouvait
être que dans la liberté.

C'est beaucoup qu'un pouvoir nouveau, issu de
la nation et directement intéressé à procurer le
bien-être au grand nombre, ait eu l'esprit d'abandonner en principe le système de tutelle, qui avait
fait ses preuves d'incapacité.

Pauvres qui voulez être riches (et vous avez
bien raison), ne demandez qu'une chose au ciel :
la liberté de produire et d'épargner paisiblement.
Le travailleur était à plaindre sous Louis XIV;
mais il était plus malheureux encore sous Marat,
et je n'ose penser à ce qu'il eût éprouvé sous la
tutelle effroyable de Babeuf.

Proudhon a dit quelque part : « Toutes les sec-
tes socialistes, depuis Lycurgue jusqu'à M. Cabet,
gouvernent par l'autorité. » Et Proudhon lui-même
aurait eu besoin d'une autorité plus souveraine
que celle de Louis XIV pour imposer au peuple

français sa plaisante utopie : suppression de l'argent, payement des impôts en nature, confusion des pouvoirs législatif et exécutif, abolition du pouvoir judiciaire, prêt gratuit, confiscation du revenu net, égalité des fortunes, rétablissement des corporations, etc., etc. Le commencement de la sagesse proudhonienne est une définition arbitraire, c'est-à-dire despotique, de la valeur. La valeur, selon nous, est le rapport *librement débattu* de deux biens ou de deux services. D'après le polémiste de Besançon, la valeur, c'est le prix de revient. L'ouvrier qui livre au consommateur son produit de la journée, fait le compte de ses dépenses et dit : « J'ai mangé tant, bu tant, mon loyer pour un jour, tant ; l'achat des matières premières et l'usure des outils, tant ; les dépenses de ma famille, tant ; réserves pour l'avenir, tant ; assurance contre les chômages et les divers accidents de la vie, tant. Faites l'addition, et vous aurez le chiffre exact du salaire qui m'est dû. » Heureusement pour eux, les producteurs disciples de Proudhon n'ont jamais essayé de taxer ainsi leurs services. Le simple bon sens leur disait qu'une telle prétention aurait mis les consommateurs et les entrepreneurs en fuite, et constitué à leur préjudice un chômage perpétuel. Ils ont modestement accepté les tarifs établis par l'offre et la demande, c'est-à-dire les lois qui résultent de la nature des choses, et je parie qu'ils ne s'en sont pas mal trouvés.

Est-ce à dire que tout soit pour le mieux dans notre économie sociale ?

Non ; mais nous avons inauguré dans ces derniers temps une révolution pacifique, qui aboutira tôt ou tard à l'émancipation de toutes les forces actives. Et la liberté de la production et de l'échange amènera une abondance de biens que nos siècles de tutelle n'ont ni connus ni même rêvés.

Le but est encore assez loin, et séparé de nous par des obstacles séculaires ; mais on le voit, et l'on y tend d'un commun effort, peuple et pouvoir, l'un suivant l'autre. Pour la première fois depuis long-temps, c'est le pouvoir qui a pris l'initiative du bien ; la nation, d'abord hésitante et comme étonnée, marche derrière et double le pas.

Ce qui fait le grand intérêt du temps où nous vivons, ce qui sera son honneur dans l'histoire, c'est le coup de tête de quelques hommes d'État qui ont abjuré un beau matin les erreurs les plus respectables et les plus invétérées. Nous avons vu la vérité économique, enfermée pendant un demi-siècle dans le cabinet de quelques penseurs, s'élancer d'un seul bond jusqu'au trône.

La monarchie de droit divin, dans ses dernières

années, avait pressenti et presque adopté la grande
idée que nous acclamons aujourd'hui ; mais personne, pas même un Turgot, ne pouvait la fonder.
Un pouvoir qui n'a d'autre raison d'être que son
existence même s'étaye, bon gré mal gré, sur ce qui
s'élève autour de lui. Les faits, les droits, les vérités, les erreurs, tout concourt à sa solidité accidentelle ; il voit des points d'appui dans tout ce qui
l'environne ; il n'ose toucher à rien de peur d'ébran-
ler par un faux mouvement quelqu'une de ses
bases. Le seul gouvernement qui puisse mettre en
question les erreurs les plus accréditées est celui
qui ne saurait être mis en question lui-même parce
qu'il fonde sa légitimité sur le suffrage universel.

Presque toujours, presque partout, les décisions
du pouvoir retardent plus ou moins sur l'opinion
publique. Dans la circonstance présente, nous avons
vu l'horloge des Tuileries avancer manifestement
sur le pays. Il est certain que plusieurs changements accomplis sous nos yeux dans l'économie
sociale ont surpris nombre de citoyens et inquiété
pour un moment certains intérêts.

C'est que nous sommes nés au milieu d'un ordre
factice et illogique ou même inique en bien des
choses. Un homme de bon sens arrivant aux affaires sans préjugés d'éducation, sans idées précon-
çues, devait être frappé de cette confusion écono-

mique et noter chaque anomalie en s'écriant :
Pourquoi?

Pourquoi les consommateurs, c'est-à-dire tous les
hommes, seraient-ils condamnés à payer cher un
produit mauvais ou médiocre, quand ils peuvent,
en passant la frontière, l'avoir meilleur à bon marché?

Pourquoi le producteur de blé serait-il obligé de
vendre sa récolte à vil prix en deçà des frontières,
quand l'étranger lui en offre un prix plus élevé?

Pourquoi le Parisien serait-il libre d'ouvrir une
boutique d'épicerie et n'aurait-il pas le droit de se
faire boulanger, boucher, cocher de fiacre, courtier, libraire, imprimeur, entrepreneur de spectacles publics? Y a-t-il une raison logique pour
que certains genres de productions soient permis
à tout le monde, et certains autres accaparés par
privilége?

Pourquoi les magistrats qui disposent de la vie,
de l'honneur et de la liberté des hommes obtien-
nent-ils gratuitement cette autorité quasi souveraine, sans donner d'autres garanties que celles du
talent et de la vertu; tandis que les officiers ministériels achètent à deniers comptants le droit d'exercer leur industrie?

Pourquoi, dans un pays d'égalité, les patrons
auraient-ils le droit de s'entendre pour empêcher

la hausse des salaires, tandis que les ouvriers en
courraient des peines graves s'ils se coalisaient
pour obtenir un meilleur prix ?

Pourquoi la vieille loi du maximum pèserait-elle
encore sur le pain, quand elle ne pèse plus sur le
blé ? Pourquoi le capitaliste ne pourrait-il louer son
argent qu'à cinq ou six pour cent, quand rien ne
lui défend de louer sa maison à vingt ou trente ?

Voilà quelques-unes des questions qui se sont
présentées d'elles-mêmes au bon sens de nos nouveaux hommes d'État.

Ils en ont relevé plusieurs autres dont l'énumé-
ration serait trop longue ici, mais qui toutes sont
à l'étude, et que nous verrons résolues tôt ou
tard.

Il ne m'appartient pas de pronostiquer dans
quels délais ni dans quel ordre la volonté qui nous
conduit abordera ces problèmes. Ce n'est pas tout
de faire le bien ; il faut encore le faire à propos, en
ménageant les intérêts publics et privés. Tout monopole est bon à détruire ; mais lorsqu'un monopole est pour l'État une source de revenus indispensables, on ne peut l'abolir comme abus qu'après
l'avoir remplacé comme recette. Tout privilège est
bon à supprimer, mais dans tel cas le retour pur
et simple au droit commun serait la spoliation de
nombreux individus ; dans tel autre, la société

perdrait des garanties que l'on croit encore indispensables.

Ce qu'on peut affirmer dès aujourd'hui c'est que toutes les libertés personnelles, industrielles, commerciales nous sont accordées en principe. Quelques-unes ont déjà passé dans le domaine des faits; l'enquête est ouverte sur les autres.

Nous avons obtenu en quelques années : la suppression des passe-ports, c'est-à-dire le droit d'aller et de venir sans contrôle; la liberté de la boulangerie, de la boucherie, de l'imprimerie, de la librairie et des entreprises dramatiques; l'abolition du monopole qui avait accaparé les voitures de Paris; le droit de coalition qui permet aux ouvriers de lutter à armes courtoises, mais égales, avec leurs patrons; la liberté du courtage; la fin du maximum qui régissait la vente du pain; une révolution radicale dans le système douanier.

Toutes ces lois et ces décrets sont inspirés par la même idée; c'est l'application prudente et progressive d'un seul principe.

Les institutions gênantes, dont quelques-unes viennent d'être abolies, quelques autres modifiées et les autres visiblement ébranlées, étaient toutes des legs du passé. Une société mal assise peut se déplacer en un jour et choisir des bases plus logiques, mais elle emporte avec elle tout un bagage d'erreurs et d'abus ; longtemps encore il faut qu'elle subisse la tyrannie des faits antérieurs.

La célèbre nuit du 4 août supprima en même temps les priviléges et la vénalité des charges. Les grades de l'armée et les fonctions de la magistrature furent distribués gratuitement par le pouvoir à ceux qui en paraissaient dignes. Quant aux offices qui sont proprement des industries, tout citoyen fut libre de les exercer. L'agent de change, le courtier, le commissaire-priseur, etc., ne sont que des intermédiaires entre le vendeur et l'acheteur. L'entremise est un genre de production comme un autre : se fit intermédiaire qui voulut.

La forte discipline de l'Empire crut garantir les intérêts de tous en donnant à ces travailleurs libres la qualité et les obligations des fonctionnaires publics. C'était l'esprit du temps. Mais du moins Napoléon n'engageait pas l'avenir. Le pouvoir crée les places qu'il juge nécessaires, mais il se réserve implicitement le droit de les réduire ou de les abolir lorsqu'elles paraîtront inutiles. L'équité veut qu'on procède avec ménagement dans la voie des suppressions et qu'on évite de troubler des existences laborieuses et honorables. Mais ces réserves faites, l'État est toujours maître de rendre à tous les citoyens l'usage d'un droit naturel confisqué au profit de quelques-uns. Supposez que les officiers ministériels soient encore des fonctionnaires, qu'aucun nouvel engagement n'ait été pris par l'État, entre Napoléon Ier et Napoléon III, il suffirait aujourd'hui d'un trait de plume pour supprimer sans indemnité un privilége donné gratis.

Mais, le 28 avril 1816, la Restauration, pressée d'argent, imagina d'emprunter quelques millions aux officiers ministériels. Elle leur dit : « Si vous voulez fournir un cautionnement, il vous sera permis de présenter vos successeurs, ou en autres termes, de vendre vos offices. » On n'eut garde de refuser un marché si avantageux, et du coup, les officiers ministériels devinrent les propriétaires de leurs charges. Ce jour-là, le gouvernement croyait emprunter à 3 pour 100 et faire une excellente affaire. Or le cautionnement des agents de change (pour ne citer qu'un seul exemple) fut porté alors à 125 000 francs; il y a cinquante ans de cela; pendant cinquante années, chaque cautionnement a donné au Trésor un bénéfice annuel de 2 pour 100, soit 2500 francs par an, ou 125 000 francs par demi-siècle. Et les charges d'agents de change, que l'État s'est condamné lui-même à racheter, valent tout près de deux millions chacune à Paris.

Les douanes qui sévissaient sur notre frontière avant les derniers traités de commerce, ces douanes formidables, armées de prohibitions absolues et de taxes quasi prohibitives, étaient encore un legs du passé.

Par quelle série de raisonnements les rois pasteurs des peuples étaient-ils arrivés à des conclusions comme celles-ci :

« On fabrique, à deux pas de chez nous, tel produit excellent, bien meilleur que tout ce que nous faisons dans le même genre. C'est pourquoi je vous interdis d'en faire usage, car le premier de mes devoirs est de protéger vos intérêts. »

Ou bien encore :

« Telle étoffe, qui se fait à Londres, n'est pas beaucoup meilleure que les nôtres; vous pouvez donc vous en servir sans inconvénient, et je vous autorise à l'acheter, mais elle a le défaut de coûter 25 pour 100 de moins que nos produits similaires; il faudra donc, dans votre intérêt, qu'elle paye 33 pour 100 à l'entrée. »

Ou même :

« La viande est rare et chère, le peuple se nourrit mal. C'est pourquoi nul n'ira chercher un bœuf en pays étranger pour l'introduire dans le royaume, sous peine d'une amende de 55 francs. »

On ne déraisonne pas pour le plaisir d'être absurde, et il n'y a point d'erreur qui ne se justifie par quelque bonne intention. L'absurdité doua-

nière qui a fait son temps, grâce à Dieu, s'honorait
du beau nom de système protecteur.

Le pouvoir politique, ou le gouvernement est institué pour protéger la sécurité collective et individuelle des citoyens contre les ennemis du dehors
et les malfaiteurs du dedans : voilà son rôle. Mais
les princes ont cru longtemps, trop longtemps qu'ils
étaient tenus de descendre aux moindres détails
et d'abaisser leur protection sur nos petits intérêts
de cuisine et de boutique. Protéger l'industrie nationale! Protéger l'agriculture nationale! Protéger
le commerce national! Et protéger aussi la consommation nationale, car tous les citoyens ne sont pas
nécessairement agriculteurs, industriels ou marchands, tandis qu'ils consomment tous forcément,
depuis la naissance jusqu'à la mort.

Le Français ne déteste pas d'être protégé : c'est
un peuple de tempérament monarchique. Mais tous
n'entendent pas la protection de la même manière.

Protégez-moi! dit le cultivateur. J'ai fait une
bonne récolte de blé; mes voisins, moins heureux,
ont à peine doublé leur semence. Avant un mois
nous aurons de la hausse, si les renseignements
de mon journal sont exacts. J'espère a oir trente
francs de l'hectolitre et vider mon grenier dans les
meilleures conditions du monde. A moins que, par

une coupable faiblesse, on ne laisse la porte ouverte aux grains étrangers! L'Amérique nous menace, l'Égypte tient l'abondance suspendue sur nos
têtes comme une épée de Damoclès; .Odessa, l'infâme Odessa pense à nous inonder de ses produits.
Au secours! Qu'on ferme la porte! Ou, si vous permettez l'importation des grains étrangers, ayez
l'humanité de les taxer bien cher, pour que l'achat
sur place, le transport et le droit d'entrée les mettent à trente francs l'hectolitre! Si tout marche à
mon gré, je compte aller en Suisse et ramener
quatre paires de bœufs.

Protégez-moi! dit l'éleveur. Fermez la porte au
bétail étranger, si vous voulez que je gagne ma vie.
On nous promet une hausse sur la viande, et j'y
compte; mais l'admission des bœufs italiens, suis-
ses, allemands, belges, anglais, procurerait l'abondance à tout le monde et la ruine à moi seul. Protégez-moi en prohibant ou en taxant tous les
produits qui me feraient concurrence. Laissez entrer le blé; je n'en fais pas et j'aime à payer mon
pain bon marché. Laissez entrer sans droits le combustible dont je me chauffe, la vaisselle où je
mange, les cristaux où je bois, les meubles dont je
me sers, les étoffes dont je m'habille et généralement tous les produits manufacturés! O providence
visible des citoyens, faites que je n'aie pas de con-

currence à craindre comme producteur, mais que
dans ma consommation je jouisse de tous les bienfaits de la concurrence !

Protégez-moi ! dit le manufacturier. Faites saisir
sur la frontière tous les produits qui peuvent lutter
contre les miens ; ou, si vous les laissez entrer,
frappez-les d'un impôt qui les rende invendables.
L'intérêt du pays vous commande de servir mon
intérêt personnel. N'aurez-vous pas pitié de l'industrie nationale doublement menacée par des qualités supérieures et des prix inférieurs ? Mes con-
frères de l'étranger peuvent me mettre sur la paille
en inondant la France de bonnes marchandises à
bon marché. Comme citoyen, je ne crains personne
en Europe ; comme fabricant, j'ai peur de tout le
monde. Les plus faibles de l'étranger sont plus forts
que moi. Tâchez donc que je conserve le monopole
de mes produits ; mais pour tout ce que j'achète et
que je ne vends pas, soyez large ! Laissez entrer les
grains, afin que mes ouvriers, nourris pour presque
rien, se contentent d'un faible salaire. Laissez entrer les matières premières que j'emploie, et les
machines qui aident à mon travail !

« N'en faites rien ! s'écrie le fabricant de machines. Si l'étranger venait me faire concurrence chez
nous, il ne me resterait qu'à fermer boutique. Arrêtez, ou taxez les produits qui ressemblent aux

miens : contentez-vous d'ouvrir la porte aux métaux
dont je me sers, et vous protégerez utilement pour
moi l'industrie nationale !

— Halte-là ! répond le maître de forges. Si l'on
admet les fers de l'étranger, il faudra que j'éteigne
mes fourneaux. Laissez-moi le monopole de mon
industrie ; permettez seulement que j'importe en
franchise les minerais et les combustibles qui sont
mes instruments de travail.

— Non ! cent fois non ! répliquent les actionnai-
res des mines et des charbonnages, et les propriétaires des forêts. Est-ce que notre industrie est
moins digne de protection que les autres? Or nous
sommes perdus si l'on permet aux étrangers d'importer l'abondance et la baisse au milieu de nous ! »

Étourdis par un tel concert, il n'est pas surprenant que les hommes d'État se soient laissés aller
à taxer toutes les importations, ou presque toutes.
Sous un régime de tutelle qui concentrait pour
ainsi dire l'initiative et la responsabilité des peuples
aux mains du chef, le chef croyait bien faire en
accordant à chaque industrie le genre de protection
qu'elle réclamait. La masse des consommateurs,
dévorée par tous ces priviléges, n'en savait pas assez long pour remonter aux causes de son mal, et
d'ailleurs elle n'avait pas voix au chapitre.

La vieille économie sociale appuyait le système

protecteur par des arguments patriotiques. Elle
croyait que la prospérité d'un peuple se mesure aux
quantités d'argent qu'il possède, qu'on s'appauvrit
en achetant, qu'on s'enrichit en vendant, que l'ac-
quéreur est tributaire du marchand, et que les pays
les mieux administrés sont ceux qui tirent tout de
leur propre fonds sans rien demander aux autres.
Telle était la doctrine des Français les plus sensés au
dix-septième siècle et même au beau milieu du dix-
huitième. Boileau félicitait Louis XIV d'avoir frustré

> . . . Nos voisins de ces tributs serviles
> Que payait à leurs arts le luxe de nos villes.

Voltaire, dans *l'Homme aux quarante écus*, explique la pauvreté de la France par le chiffre de ses
importations. « Il faut payer à nos voisins quatre
millions d'un article, et cinq ou six d'un autre, pour
mettre dans notre nez une poudre puante venue de
l'Amérique. Le café, le thé, le chocolat, la coche-
nille, l'indigo, les épiceries nous coûtent plus de
soixante millions par an. Nous voyons cent fois plus
de diamants aux oreilles, au cou, aux mains de nos
citoyennes de Paris et de nos grandes villes qu'il
n'y en avait chez toutes les dames de la cour de
Henri IV, en comptant la reine. Il a fallu payer
presque toutes ces superfluités argent comptant. »
Lorsque des naïvetés de cette force étaient si-

gnées par le plus grand génie de la nation, fallait-
il s'étonner que le roi crût bien faire en serrant le
réseau des douanes autour de nous?

Notez que le système protecteur, qu'on croyait
sage, était pour le gouvernement une source de
revenus. En faisant une bonne action, le roi faisait
une excellente affaire. C'était double plaisir. Plus
il protégeait sévèrement l'industrie nationale,
plus il grossissait le budget. Et l'impôt des
douanes était une de ces contributions indirectes
que les économistes du temps préféraient à toutes
les autres, parce que le consommateur les paye
pour ainsi dire à son insu.

Considérons aussi qu'en ce temps-là la solidarité
du genre humain n'existait qu'à l'état de rêve dans
le cerveau de quelques fous. Il y avait un égoïsme
national, qui s'exprimait en politique par la peur
d'être conquis (équilibre européen) et en économie par la peur d'être ruiné au profit des nations
étrangères. La sagesse consistait à faire entrer chez
nous l'argent des autres et à fermer la porte aux
marchandises du dehors qui venaient débaucher
notre argent. C'était jouer un tour à l'étranger que
d'obliger les citoyens français à payer dix écus ce
qui en valait cinq hors frontière. Par ce moyen, le
pouvoir était sûr que tout le monde se rabattrait
sur les produits nationaux, et que si un Anglomane

faisait venir ses habits de Londres ou ses rasoirs de Manchester, il indemniserait la nation en payant la taxe.

Mais l'étranger usait de représailles et taxait nos produits aussi sévèrement que nous avions taxé les siens. La guerre des tarifs allait son train, en pleine paix, et le peuple en payait les frais, selon l'usage. Plus nos rois nous forçaient de payer cher les produits des manufactures anglaises, plus les rois d'Angleterre faisaient payer cher à leurs peuples nos vins et nos autres produits. Le patriotisme douanier s'éleva par degrés jusqu'à cette exagération que Benjamin Constant appelait un *enthousiasme d'enchérissement.*

La postérité sera bien étonnée d'apprendre par quelque vieux tarif, ou mieux par les discussions lumineuses de Michel Chevalier, qu'au début du deuxième Empire une tonne d'acier, destinée à la fabrication des outils les plus indispensables, payait 1320 francs au minimum à la frontière de France ; que les couvertures de lit étaient taxées à 220 francs les 100 kilos ; que les tapis payaient jusqu'à 550 francs ; que les marbres étrangers, les seuls propres à la statuaire, étaient frappés d'un droit de 742 francs 50, pour une statue de deux mètres.

Mais elle saura en même temps que nos hommes d'État jugèrent, condamnèrent et abolirent coura-

geusement, en dépit de mille résistances intéres-
sées, un système protecteur qui protégeait surtout
la décadence de l'industrie et la misère du peuple.

Décadence, parce que les producteurs indigènes,
maîtres du marché national, assurés par des tarifs
exorbitants ou des prohibitions formelles contre la
concurrence de l'étranger, se comportaient dans
leurs fabriques comme des seigneurs dans leurs
fiefs. Rien ne les obligeait de perfectionner leurs
produits, puisque leurs produits n'avaient pas à se
défendre contre la comparaison. Ils n'avaient pas
besoin de vendre à bon marché, puisque les produits similaires, l'étranger les offrît-il pour rien, ne
pouvaient leur disputer la préférence du consommateur.

En protégeant les gros bénéfices de l'industriel,
on sévissait contre la bourse du consommateur, et
le consommateur, nous l'avons dit, c'est tout le
monde. Si vous prenez à part chacun des biens utiles
qui sont dans le commerce, vous verrez que ceux
qui le produisent sont infiniment moins nombreux
que ceux qui le consomment. Si dix personnes ont
intérêt à le vendre cher, cent mille individus ont un
intérêt au moins égal à le payer bon marché. Donc
le vrai système protecteur est celui qui permet au
consommateur de s'approvisionner au meilleur
prix possible, soit dans le pays, soit à l'étranger.

La liberté peut seule apprendre aux peuples à quelle industrie ils sont aptes, et déterminer les vocations nationales.

L'individu serait un sot s'il prétendait faire sa maison, ses aliments, ses habits, sa montre et ses souliers lui-même, pour s'affranchir de ces « tributs serviles » qu'il paye matin et soir au travail d'autrui ; les nations seraient absurdes de vouloir créer tout ce qu'il leur faut. C'est assez qu'elles se mettent en mesure d'acheter ce qui leur manque. Le sol, le climat, la race, l'éducation déterminent les facultés industrielles ou productives de chaque pays. Ne forçons point notre talent, poussons-le aussi loin qu'il peut aller, et ne rougissons pas de prendre chez nos voisins, à charge de revanche, ce que nous ne pouvons pas nous donner à nous-mêmes. Tel peuple est admirablement situé pour fabriquer la viande, le fer, la porcelaine et les romans de Dickens, mais la nature lui refuse le vin, l'huile, la soie, l'art industriel et les comédies d'Alexandre Dumas fils. Qu'il produise en surabondance les biens qui coûtent le moins à son sol et à son tempérament, et qu'il nous envoie son trop-plein en échange du nôtre.

Les expositions universelles seraient de grands spectacles navrants, si elles n'avaient pas pour conséquence proche ou lointaine la liberté absolue du commerce. Ce serait infliger au consommateur le supplice de Tantale que de lui dire : « Voilà ce qu'on fabrique aux portes de ton pays ; cela ne coûte que tant ; mais si tu veux l'acheter, tu payeras toujours quinze pour cent d'amende. La douane qui veille aux portes de ces bazars du monde civilisé m'a toujours fait l'effet d'une contradiction vivante : *Attollite portas, principes, vestras!* Princes, ouvrez les portes, et le progrès fera le tour du monde.

VII

LA MONNAIE

Voici une anecdote qui a frappé mon attention lorsque j'étais tout petit, et qui m'a fait réfléchir avant l'âge :

C'était dans les premiers jours de janvier, vers 1840. Un pauvre homme, de ceux qui cachent leur misère sous l'habit noir, se débattait péniblement contre les réclamations d'un créancier. Le créancier, son voisin, lui avait prêté vingt francs pour un mois, et six mois écoulés, on n'avait pas vingt francs à rendre. Si l'emprunteur était pauvre, le prêteur n'était pas riche : talonné par quelque besoin pressant, il faisait une scène, comme on dit.

Une fillette de douze ans accourut au bruit, comprit à quel propos on se querellait, entra dans la chambre voisine et reparut avec un gros livre illustré, doré sur tranche.

« Monsieur, dit-elle au créancier, voici un livre que mon parrain m'a donné pour mes étrennes; il vaut vingt francs; prenez-le : nous ne vous devons plus rien. »

Le père fut ému jusqu'aux larmes; le voisin se sentit attendrir : il haussa les épaules, prit son chapeau, laissa le livre et s'enfuit.

Lorsque nous fûmes seuls, l'enfant se retourna vers son père et lui dit :

« Pourquoi n'a-t-il pas accepté? Il serait payé, maintenant.

— Non, chère petite.

— Et pourquoi?

— C'est de l'argent que je lui ai emprunté, c'est de l'argent que je dois lui rendre.

— Mais le livre vaut vingt francs; c'est écrit sur la couverture, et parrain a donné vingt francs pour l'avoir. Qu'est-ce que ça lui fait à ce monsieur, de recevoir vingt francs ou une chose qui les vaut?

— Ça lui fait beaucoup, mon enfant, et la preuve c'est qu'il aurait accepté vingt francs si tu les avais eus à lui offrir, tandis qu'il a refusé ton livre.

— Ainsi, papa, l'argent vaut plus que les autres choses qui valent autant que lui? Comment cela peut-il être? »

Le père réfléchit un instant et répondit :

« Tout le monde n'a pas besoin de livres d'images, et tout le monde a besoin d'argent. Si nous allions offrir ton livre chez le boucher, le boulanger, le marchand de vins, la fruitière, ces braves gens nous diraient tous qu'ils n'ont ouvert leurs boutiques sur la rue que pour y appeler les pièces d'argent. Le libraire lui-même qui a fourni ce volume à ton parrain ne voudrait pas te le reprendre au même prix ; il te dirait : je ne suis pas ici pour acheter, mais pour vendre. Suppose au contraire que tu aies vingt francs de véritable argent dans ta poche, tu pourrais choisir entre toutes les choses qui sont à vendre pour vingt francs. Tu demanderais à ton choix, cinquante kilos de pain, ou vingt-cinq litres de vin, ou dix mètres d'étoffe comme ta robe, ou trois paires de souliers, ou un livre comme celui qu'on t'a donné pour tes étrennes. Tout le monde s'empresserait de te servir, parce que tout le monde, comme je t'ai dit, a besoin d'argent. Comprends-tu ?

— Je comprends que l'argent a le droit de choisir tout ce qu'il veut.

— Tu l'as dit.

— Ah! le vilain argent!

— Parce que nous n'en avons pas. Mais si j'en gagne un jour par mon travail autant que je l'es·père, tu seras émerveillée des services qu'il peut rendre et tu diras : le brave argent! »

Huit ou neuf ans après cette petite aventure, j'étais sorti du collége; j'avais lu, traduit et appris par cœur un certain nombre de tirades classiques contre ce scélérat d'argent; je m'étais pris d'admiration, comme tant d'autres, pour les lois de Lycurgue et sa .monnaie de fer; on n'avait pas oublié de m'apprendre que la pauvreté est la source de toutes les vertus. Cependant, au lieu de bénir le sort qui me forçait de boire à cette source bénie, je m'insurgeais souvent contre la répartition inégale des richesses : je demandais par quel singulier privilége cet argent dont je n'avais miette, procurait tous les biens du monde à ses possesseurs. J'avais entendu dire (ainsi que vous, sans doute) que l'argent n'est rien par lui-même; qu'il tire tout son prix d'une convention ; que les peuples l'ont choisi comme signe représentatif de la richesse; que les rois lui assignent arbitrairement telle ou telle valeur. Certains journaux de 1848 avaient franchi les murs de notre lycée; certaines diatribes nous donnaient à entendre que tous les détenteurs d'argent exploitaient ou ty-

rannisaient les gens de bien qui n'en avaient pas;
on voyait luire à l'horizon certaines utopies qui
devaient affranchir l'homme du vil métal, et mon
cœur s'épanouissait à l'espoir d'une prospérité
universelle par le papier-monnaie. Bref, j'étais
aussi neuf en économie sociale que tous les ba-
cheliers de mon temps et que la presque totalité
des Français de notre temps.

Un matin, les petits hasards du voyage m'arrê-
tèrent dans un canton du Finistère où l'on tirait
l'argent du sol. Figurez-vous un paysage affreux,
une lande désolée, un coin maudit où il pleut
cinq jours sur six. La mine fournissait du plomb
argentifère, c'est-à-dire mêlé d'argent. Pour l'exploiter, on avait construit à grands frais des bâtiments et des machines; deux ingénieurs, dix
contre-maîtres, un peuple d'ouvriers sales et mi-
sérables vivaient dans cet enfer humide, loin de
tout. Je descendis avec eux jusqu'au fond de leurs
chantiers souterrains; je les suivis, la lampe en
main, dans des boyaux sinistres où la terre, mal
étayée, nous coulait en boue sur la tête. Quand
nous fûmes remontés à la lumière du jour, un ingénieur aimable et hospitalier nous conduisit vers
les fourneaux où l'on tirait le plomb du minerai,
puis au laboratoire où l'on séparait l'argent du
plomb. Quelques lingots d'argent extraits de la

coupelle étaient prêts à entrer dans la circulation.

Vous rappelez-vous la tirade de Robinson Cru-
soé, lorsqu'en fouillant l'inépuisable navire il met
la main sur le magot du commandant? « Te voilà
donc, vil métal qui.... vil métal que!... » Hé bien,
s'il faut vous l'avouer, mon impression fut tout
autre. Ces malheureux lingots, qui avaient coûté
tant de peine à des hommes, mes semblables, me
frappèrent d'un certain respect. L'argent m'appa-
rut, pour la première fois, comme un produit la-
borieusement arraché à la terre. Je passai en re-
vue toutes les professions qui le procurent aux
hommes, et je n'en vis pas une aussi rude que celle
de ces mineurs. « Somme toute, me dis-je, l'argent est plus facile à gagner qu'à produire : voilà
des lingots qui coûtent cher. »

Comme j'avais pensé tout haut, l'ingénieur
me répondit : « Ils coûtent si cher que, très-pro-
bablement, nous n'en ferons plus l'année prochaine. Le plomb même, qui fournit le plus clair
de notre revenu, couvre à peine les frais d'exploitation. On parle d'abandonner la mine, c'est un
malheur pour tous ces braves gens qui y gagnent
leur vie tant bien que mal.

— Abandonner une mine qui produit de l'argent! Est-ce possible?

— Dame ! si vous aviez un champ qui ne payât
point la culture, vous obstineriez-vous à le labourer? L'argent, comme le blé, est un produit du
travail. Seulement l'un se récolte à la surface du
sol, et l'autre dans ses profondeurs. L'un vous
donne du pain pour la soupe, l'autre une cuiller
agréable et saine pour la manger. »

Il me cita quelques mines d'argent que l'indus
trie avait délaissées, ainsi que la culture abandonne un sol ruiné sans ressource. J'appris avec
étonnement que, non-seulement en Europe, mais
en Amérique, la production de l'argent est toujours coûteuse, souvent ruineuse, et qu'en aucun
lieu du monde le vil métal ne se jette de lui-
même à la tête des gens.

« Ainsi, lui dis-je, cette effroyable masse d'argent qui encombre la terre sous toutes les formes,
monnaie, vaisselle plate, galon, argenture et le
reste, serait le produit d'un travail aussi répu-
gnant, aussi long, aussi ingrat que celui-ci?

— N'en doutez pas. Les procédés métallurgi-
ques varient un peu; on procède ici par la coupelle et là-bas par l'amalgame; les ingénieurs de
Freyberg sont un peu plus habiles que ceux de
Guanaxato, mais partout le travail du mineur est
également rude et vous ne trouverez pas une pièce
de dix sous qui n'ait coûté au moins dix gouttes

de sueur. Du reste, les métaux précieux n'abondent pas autant que vous croyez à la surface du
globe. Un de nos plus illustres maîtres, M. Michel
Chevalier, a calculé que tout l'argent sorti des mines du nouveau monde ferait une sphère de quatorze mètres de rayon, en autres termes, une
boule qui, placée au pied de la colonne Vendôme,
la cacherait tout juste aux deux tiers de sa hauteur.

— Si peu ? Mais un Titan porterait cela sur ses
épaules.

— La mythologie, reprit-il en souriant, a oublié de nous dire combien chaque Titan représentait de chevaux-vapeur. Mais, soyez sûr que plusieurs millions de travailleurs sont morts à la
peine en roulant cette boule de neige jusqu'à
nous.

— Pauvres gens! labeur effroyable! Et pour
qui ? Pour une poignée de parasites et d'oisifs. »

L'ingénieur me regarda, sourit encore et me
dit : « Aucun homme n'est assez fou pour jeter les
produits de son travail aux oisifs et aux parasites.
Vous voyez ces lingots : j'en ai ma part, comme
tous ceux qui ont contribué, directement ou non,
à les tirer de terre. Détachez-en par la pensée
un morceau de deux kilogrammes environ : c'est

mon salaire du mois dernier. Qu'est-ce que je
vais en faire? J'en donnerai une partie à ceux qui
me nourrissent, une autre à ceux qui m'habillent,
une autre à la bonne femme qui blanchit mon
linge, une autre au serviteur qui a soin de mon
cheval. En résumé, j'échangerai cet argent, prix
de mes peines, contre le labeur de vingt ou trente
individus. Les ouvriers qui travaillent ici sous mes
ordres agiront exactement comme moi. Chacun
d'eux recevra une fraction de ces lingots et la ré-
partira autour de lui en échange d'autres biens.
Nous sommes des industriels, nous créons un produit, nous le partageons entre nous au prorata de
notre collaboration respective; puis nous employons notre part à rémunérer les services que
nous ne pourrions nous rendre à nous-mêmes.
Il y a, dans le bourg voisin, un boulanger qui
chauffe son four à l'heure où nous allumons nos
lampes. Ce n'est pas un oisif, encore moins un
parasite, et vous auriez grand tort de lui chercher
querelle, quand même tous les lingots ici présents
s'arrêteraient dans sa boutique. Il travaille pour
nous, et nous travaillons pour lui. Or tenez pour
certain que tout l'argent de la terre se répartit
suivant la même loi, dès l'heure où les lingots sortent de la mine. Sitôt extrait, sitôt partagé entre
ceux qui l'ont fait naître. Sitôt partagé, sitôt

échangé contre des biens et des services de toute
sorte.

Cette conversation re' va l'argent dans mon estime; elle m'apprit à considérer le vil métal
comme un des produits les plus intéressants de
l'énergie humaine.

Quelques années plus tard, je rencontrai (toujours en France) un brave homme qui s'adonnait
à la production de l'or. C'était un Alsacien, un de
ces orpailleurs du Rhin, qui cherchent le métal
dans le gravier du fleuve. Sa profession consistait
à laver sous le courant quelques kilogrammes de
sable choisis aux bons endroits, pour en trier les
paillettes. C'est un rude travail, et, de plus, passa-
blement ingrat : on y récolte surtout des rhuma-
tismes. Non que les paillettes soient rares : dans
chaque mètre cube de graviers moyens, vous en
trouvez environ 40 000, mais si légères que le
fleuve en apporte beaucoup de la Suisse jusqu'à
Strasbourg, à travers le lac de Constance, sans les
laisser tomber en chemin. Il faut 17 000 à 22 000 de
ces molécules pour faire un gramme d'or, du prix
de 3 francs environ. Mon orpailleur récoltait en
moyenne 1 fr. 75 par journée : il a donné sa démis-
sion pour travailler aux champs, ce qui lui vaut
dix sous de plus. L'or est donc un produit qui peut
coûter plus qu'il ne vaut.

C'est le plus répandu de tous les métaux, après le fer, qui colore nos champs et nos rochers, le sang de l'homme et la feuille du chêne, mais il est tellement disséminé et réduit en fractions si minimes que le produit de l'extraction ne paye pas souvent la main-d'œuvre.

Cependant, direz-vous, il y a des contrées où l'on a qu'à se baisser pour le prendre. L'Australie! la Californie! Les richesses du nouveau monde ne seraient-elles qu'un vain mot?

Non. Le nouveau monde a fourni une masse d'or considérable, puisque tout le métal extrait de ses mines depuis Christophe Colomb jusqu'à l'année dernière, remplirait presque un salon de 7 mètres carrés sur 5 de haut[1]. Mais ce résultat, qui ne vous paraît peut-être pas assez imposant, est le prix d'un labeur incalculable. Vous avez entendu dire qu'en tel pays les grains d'or charriés par les ruisseaux et les torrents pesaient infiniment plus que les paillettes du Rhin. C'est vrai. On vous conte que tel jour, en tel lieu, un pionnier a rencontré par hasard une pépite qui était une fortune : d'accord. Il y a un peu plus d'aventure, un peu moins d'industrie proprement dite dans la poursuite de l'or que dans l'exploitation

---

1. Michel Chevalier, la *Monnaie*, 2ᵉ édit., page 501.

d'une mine d'argent. Toutefois, je maintiens que l'or est un produit, dans le sens le plus respectable du mot.

Il y a de l'incertain dans toutes les entreprises de l'homme : c'est livrer quelque chose au hasard que de planter des choux. L'aventurier qui se lance à la poursuite de l'or dans les Montagnes Rocheuses est producteur au même titre que le maraîcher de Vincennes; il tend au même but, qui est d'accroître la somme des biens utiles, mais il y va par des chemins plus périlleux et plus courts. S'il met la main sur une pépite de 200 000 francs (cela s'est vu), croyez bien qu'il n'a pas rencontré cette aubaine sans traverser les privations, les fatigues et les dangers. Il a fait de longs voyages, souffert la faim et la soif, risqué vingt fois sa vie. C'est travailler autrement, mais autant que le paisible jardinier qui manie la bêche et l'arrosoir. La nature ne donne rien pour rien, pas même les pépites de 200 000 francs. D'ailleurs l'exploitation des riches gisements devient moins vagabonde de jour en jour, et plus industrielle dans sa forme. Un placer aujourd'hui ne ressemble pas mal à nos grandes manufactures. On y écrase le quartz aurifère sous des moulins à vapeur; on y lave la matière première dans des cours d'eau dérivés à grands frais; on y fait des manipulations

chimiques dans de vastes laboratoires; les frais
d'établissement sont énormes, les produits con-
sommés par la fabrique coûtent horriblement
cher; le bénéfice annuel de l'usine est l'excédant
des recettes sur les dépenses, comme dans une
forge ou une filature.

Nous nous sommes expliqués longuement, s'il
vous en souvient, sur le sens du verbe produire.
Il signifie conduire jusqu'au terme, c'est-à-dire
arracher les biens au sein avare de la nature, et
les amener sous la main du consommateur.

Vous savez que les biens ont d'autant plus de
valeur, qu'ils sont plus demandés et moins offerts.

L'or et l'argent sont demandés depuis qu'ils
sont connus. Pourquoi? Parce qu'ils sont incompa-
rablement plus beaux que tous les autres métaux;
parce qu'ils sont inaltérables à l'air, à l'eau et à
presque tous les acides; parce qu'ils se conservent
à peu près indéfiniment sur la terre et dessous, et
qu'on les trouve inaltérés dans la caisse soixante
fois séculaire des momies. L'or et l'argent sont demandés, parce qu'ils fournissent la matière des
bijoux les plus brillants, des ustensiles les plus
sains et les plus commodes. Leur incroyable mal-
léabilité n'est pas étrangère à la faveur dont ils
jouissent. Vous savez qu'on peut réduire l'or en
feuilles si fines qu'il en faudrait superposer neuf

cents pour faire l'épaisseur d'un millimètre. Cette propriété du métal le plus brillant nous permettra d'égayer par un peu de dorure les intérieurs les plus modestes. Un seul gramme d'argent, qui vaut un peu plus de vingt centimes, peut s'allonger sans se rompre en un fil de deux kilomètres et demi. Avec deux grammes d'or, qui valent moins de 7 francs, on peut couvrir un fil d'argent de cinq cents lieues (200 myriamètres en longueur). Est-il donc étonnant que des matières dotées de si merveilleux attributs aient été recherchées dès l'enfance du genre humain? A peine a-t-on le nécessaire qu'on se met à poursuivre le superflu. Et les métaux précieux étaient sans contredit la superfluité la plus désirable avant l'invention des arts. L'or et l'argent furent donc avidement demandés partout où ils se montrèrent. Ai-je besoin d'ajouter qu'ils furent beaucoup moins offerts?

Les mines les plus riches du monde étaient inconnues de l'Europe; la chimie n'existait pas, la métallurgie était dans l'enfance. Quelques morceaux d'argent natif, quelques grains d'or récoltés dans le lit d'un ruisseau : voilà les premiers éléments qui vinrent s'offrir à l'échange. Sur quel pied? A quel prix? J'ose à peine y penser. Songez que la valeur des métaux précieux a constamment baissé depuis les premiers temps de l'histoire, car

ils ont été plus abondants et plus offerts de jour
en jour; songez que l'Amérique est découverte
depuis trois siècles et demi; que l'Australie et la
Californie sont en plein rapport depuis .plus de
douze années; que la civilisation européenne possède une quantité d'argent et d'or évaluée à quarante milliards, et que malgré tout cela, en France,
ce matin, celui qui veut céder un kilogramme d'or
trouve en échange six ou sept mille kilogrammes
de blé! Pour un seul kilo d'or, on achète plus de
pain que huit mille hommes n'en peuvent manger
en un jour!

Transportez-vous à quarante siècles en arrière
et tâchez de vous représenter la masse de biens
qu'on obtenait en échange d'un kilogramme d'or!

L'attention des hommes se porta nécessairement
sur ces deux produits admirables : on les étudia
de près. On trouva le moyen de les affiner tant
bien que mal; on constata qu'ils étaient des corps
simples, toujours et partout identiques à eux-
mêmes dans l'état de pureté. On apprit à les reconnaître, non-seulement à la couleur, au son, à la
pesanteur mais à des signes plus infaillibles. On
s'avisa par réflexion que ces produits étaient ceux
qui renfermaient la plus grande valeur sous le
plus petit volume; qu'ils étaient plus faciles à
transporter, à conserver, à cacher que tous les

autres biens. L'épargne les adopta, la peur les ac-
capara. L'homme de tous les temps veut garder ce
qu'il possède. Dans tous les temps aussi, le travailleur sensé pense à se ménager quelques ressources pour l'avenir. Mais comment s'assurer
contre les privations de la vieillesse? Les provisions de toute sorte se détruisent par elles-mêmes:
aliments, vêtements et le reste. D'ailleurs tout
cela fait un volume effroyable, et la plus grosse
épargne attirerait les premiers pillards.

Les plus sages entre les hommes firent alors un
raisonnement qu'on ne saurait trop admirer :
« Puisqu'il y a des métaux que tout le monde
désire et qui sont toujours demandés sur le marché
général, puisque ces biens sont des métaux incor-
ruptibles et par là faciles à conserver ; d'un grand
prix sous un petit volume et par conséquent aussi
commodes à cacher qu'à transporter, échangeons
notre épargne contre des lingots d'or ou d'argent.
Par ce moyen, nous transformons l'excédant de nos
récoltes, la plus-value de nos services en biens solides, impérissables et perpétuellement échangeables puisque le genre humain n'en a jamais
assez. »

On admire beaucoup, et non sans cause, le Hol-
landais qui s'avisa de saler le hareng. Avant lui,
toute pêche un peu miraculeuse était du bien

perdu pour les trois quarts. Le poisson n'attend
pas longtemps en magasin; il faut le manger tout
de suite, ou le voir pourrir. Grâce à la salaison,
il peut durer trois mois, six mois, toute une année.

Mais refuserons-nous un mot d'éloge au premier
pêcheur qui s'est dit : « Ma pêche est trop belle,
impossible de la manger à moi seul. Il est vrai
que je peux en troquer le surplus avec les bonnes
gens du voisinage qui ont envie de poisson. L'un
me donnera des légumes, l'autre du lard, l'autre
du drap, l'autre du pain ; mais que de provisions
j'aurais là sur la planche! Comment en venir à
bout par moi-même? Faudra-t-il les échanger de
nouveau? C'est le diable. Les laisserai-je perdre?
Autant laisser pourrir mon poisson tout de suite.
Une idée! Si j'échangeais tout cela contre un petit
lingot d'argent ou d'or qui valût à lui seul mes dix
mille harengs! Le métal ne pourrira pas, je le
garde pour l'échanger miette à miette, tantôt contre une sole, tantôt contre un homard, quand je
serai trop vieux pour aller moi-même à la pêche! »
Le premier qui raisonna ainsi n'était pas sot,
avouez-le; il avait trouvé la méthode de saler son
hareng sans sel.

Lorsqu'une expérience de plusieurs siècles eut
fait voir que les mérites de l'or et de l'argent n'é

taient gâtés par nul défaut, il arriva probablement ceci : les deux biens les plus recherchés servirent à mesurer la valeur de tous les autres.

Faut-il dire les deux? Il est à croire qu'en Europe l'argent servit d'abord à concentrer les épargnes et à mesurer les valeurs. L'or était trop rare et trop cher pour entrer dans la consommation générale. Tenons-nous-en donc à l'argent, et voyons le nouvel usage qu'on en fit.

Après avoir été une matière de luxe, il était devenu un instrument de conserve, un moyen de garder sûrement sous un petit volume l'équivalent de tous les biens qu'on voulait épargner. Il n'avait plus qu'un pas à faire pour devenir l'équivalent par excellence, comme certaines dimensions du corps humain étaient par excellence la mesure des longueurs, comme le labour d'une journée est encore en maint endroit la mesure des superficies arables.

Toute mesure est une comparaison; je n'ai pas la prétention de vous l'apprendre. Toute comparaison suppose un type, un étalon commun auquel on rapporte des grandeurs, des surfaces, des volumes, des poids, des valeurs diverses.

Pour mesurer la hauteur d'une montagne, les anciens disaient : Elle a tant de coudées, c'est-à-dire elle est deux, trois mille fois plus grande que

l'avant-bras d'un homme moyen, depuis le bout
des doigts jusqu'au coude. Pour mesurer la longueur d'une route, on disait : Il y a tant de pas
à faire avant d'arriver au bout. Tous les peuples
ont commencé par l'emploi des mesures approximatives, comme le doigt, la palme, le pied, la
brasse, l'écuelle, la cruche, etc. Ces étalons, tout
grossiers qu'ils étaient, rendaient un grand service à l'homme. L'expérience enseigna de bonne
heure que le meilleur moyen de comparer deux
quantités entre elles était de les comparer l'une
après l'autre à l'unité.

Mais s'il ne faut qu'un peu de géométrie pour
mesurer les longueurs, les surfaces et les volumes; si la balance suffit à mesurer le poids des
corps les plus divers, la mesure des valeurs était
bien autrement délicate et requérait l'emploi d'un
nouvel instrument. La diversité de nos besoins est
infinie; infinie est la diversité des biens et des
services que nous produisons, que nous consommons, que nous échangeons entre nous. Le moyen,
s'il vous plaît, de comparer exactement la valeur
de choses si diverses? combien y a-t-il de litres
de blé dans une heure de musique? Combien de
poires d'Angleterre dans une consultation de médecin? La journée d'un chef de bureau vaut-elle
vingt kilogrammes de fer laminé, ou vingt-cinq?

Le *Persée* de Benvenuto Cellini serait-il trop payé
ou trop peu, si on l'échangeait contre une maison
du boulevard Montmartre?

L'échange par troc est un progrès, un premier
pas hors de la vie élémentaire. Le pur sauvage,
c'est l'individu qui fait tout par lui-même : sa bar-
que, ses habits, ses chaussures, son pain, sa viande
à coups de flèche, sa maison à coups de hache,
sa hache à coups de marteau, son marteau Dieu
sait comment, car il y a du paradoxe dans cette
hypothèse, et l'on·ne peut concevoir un homme
suffisant à tous ses besoins sans échange.

S'adonner à la création d'un seul bien, se perfectionner autant qu'on le peut dans une industrie
unique, fabriquer en abondance le produit spécial
qui est ou qui devient notre fruit naturel, et troquer le trop plein de cette production contre les
autres choses nécessaires à la vie, c'est n'être plus
sauvage qu'à demi.

Mais le troc a des défauts qui sautent aux yeux.
Il complique terriblement les transactions les plus
rudimentaires. Essayez un moment de vous représenter non pas un ouvrier de luxe, un artiste, un
avocat, un imprimeur, mais un cultivateur exer-
çant l'industrie la plus primitive. Il a du blé dix
fois plus qu'il n'en peut consommer en un an,
mais il lui faut de la viande, du sel, du vin, des

épices, des habits, du linge, des souliers, des matériaux de construction. Pour chaque échange à conclure, il faut qu'il cherche un homme fait exprès.
A-t-il besoin de tuiles? Les tuiliers ne manquent
pas; mais il en interrogera peut-être dix avant
d'en trouver un qui ait besoin de blé dans le même
moment. Veut-il manger du bœuf à son repas? Il
faut chercher et découvrir parmi les éleveurs du
voisinage celui qui manque de blé. Mais ce n'est
pas un bœuf entier qu'il lui faut, c'est un simple
pot-au-feu de trois kilos : il s'agit de réunir des
associés en nombre et d'acheter la bête à frais
communs. L'éleveur lui-même a des besoins variés
à l'infini, car il est homme; il ne demande qu'à
troquer sa marchandise contre tous les produits
qui lui sont nécessaires; mais il est sage, il n'a-
battra la bête qu'à bon escient, quand il verra autour de lui les producteurs de toute sorte qui
offrent en commun, sous mille formes diverses,
l'équivalent exact de son bœuf. Avant qu'on ait fini
d'assembler ce congrès de consommateurs-produc-
teurs, le malheureux animal (c'est du bœuf que je
veux parler) mourra de vieillesse.

Je n'ai pris pour exemples que des produits facilement divisibles et d'une consommation universelle. Que serait-ce s'il s'agissait de troquer une
maison du boulevard, une loge de l'Opéra, une

action de chemin de fer? L'échange absorberait plus de temps que la fabrication elle-même; le travailleur épuiserait sa vie à chercher l'équivalent de ses produits, et le monde offrirait le spectacle d'un colin-maillard universel.

L'humanité fit un grand pas le jour où elle inventa l'unité de valeur en rapportant tous les biens à une mesure commune. L'argent devint pour ainsi dire l'intermédiaire de tous les échanges, et l'addition de cet élément nouveau qui semblait à première vue les compliquer, les simplifia. De même que le mètre nous permet de comparer exactement les hauteurs de deux montagnes éloignées, le mont Blanc par exemple et le Cotopaxi, la valeur d'un gramme d'argent nous permet de comparer les biens les plus divers comme une visite de médecin et un kilo d'acide arsénieux. Quelle est la fonction du mètre dans la comparaison de ces hauteurs sublimes? Il n'est qu'un simple intermédiaire, mais un intermédiaire indispensable, car tout l'effort des hommes n'arriverait pas à rapprocher deux montagnes, comme on met deux enfants dos à dos pour comparer leur taille. C'est ainsi que l'argent, comparé successivement à toutes les valeurs, nous en donne la mesure exacte et nous permet de les comparer entre elles.

Y a-t-il un rapport appréciable entre le blan-

chissage de deux chemises, une course de com-
missionnaire, dix cahiers de papiers à lettres et
cent grammes de tabac à fumer? Aucun. Mais si
les lois de l'offre et de la demande font que chacun de ces biens et de ces services s'échange cou-
ramment contre cinq grammes d'argent, il en résulte clairement que tel jour, en tel lieu, ces services et ces biens si divers, si peu comparables
entre eux, représentent des valeurs identiques.

Si tout ce qui est à vendre s'évalue par un poids
d'argent, il s'ensuit que les producteurs en tout
genre n'ont plus besoin de chercher l'échange direct. Celui qui possède trop de blé et pas assez de
laine n'a que faire de courir le monde en appe-
lant sa doublure, et criant : Où est-il, celui qui a
trop de laine et pas assez de blé? Il met tout simplement son blé à vendre; et il trouve mille acheteurs pour un.

L'affaire faite, il serre son argent dans sa poche, cherche un vendeur de laine et en trouve
mille pour un.

Il a fait deux opérations au lieu d'une, deux
échanges au lieu d'un, j'en conviens; dites si ce
dédoublement n'a pas ménagé son temps et sa
peine?

Mais peut-être a-t-il couru quelque risque?
Voyons la chose. Supposons que son blé vendu, il

ne trouve pas de laine à acheter. L'opération se
trouve coupée par le milieu. Est-ce qu'en pareil
cas le marchand de blé n'est pas dupe?

Oui, certes, il le serait, si l'argent n'était qu'un
signe, une représentation, un instrument d'é-
change, comme on l'a dit en maint endroit, et
comme vous l'avez peut-être cru vous-même. Mais
ce métal est un produit précieux et reconnu tel, de
temps immémorial, sur toute la surface du globe.
S'il n'avait qu'une valeur de convention, il n'en aurait aucune. Personne ne serait assez fou pour l'accepter en échange de biens réels. Tout le monde
craindrait de se trouver dépourvu et d'avoir donné
quelque chose pour rien, si par hasard la convention venait à cesser. Le genre humain est rassuré
contre un tel accident; il sait que nulle révolution
ne pourra déprécier le produit qui évalue tous les
autres. L'homme qui ne trouve point à acheter ce
qu'il désire s'accommode fort bien de garder son
argent; il n'accuse pas la société qui le lui a laissé
pour compte. Il met en magasin un produit inaltérable, incorruptible, qui ne craint pas l'humidité
comme le blé, qui n'a pas peur des vers comme la
laine, et qui trouvera toujours à s'échanger contre
tous les biens disponibles, car il est toujours et
partout demandé.

L'argent n'est pas précieux parce qu'il sert à

mesurer les valeurs; on s'en sert pour mesurer les valeurs parce qu'il est précieux de lui-même.

En appliquant l'argent à la mesure des valeurs, il est vrai qu'on l'a fait renchérir. La demande amène la hausse. Tous les produits qui trouvent une nouvelle application deviennent plus chers. Le prix de la houille a triplé depuis qu'elle sert à chauffer les machines à vapeur; le prix de l'argent a dû tripler le jour où on l'employa comme monnaie.

Je ne dis pas comme matière de la monnaie. L'argent est monnaie en lui-même avant d'être monnayé; il conserve la qualité de monnaie à travers tous les changements de forme, de poids, de titre qu'on peut lui faire subir. Par lui-même, en dehors de toute convention, indépendamment de toutes les lois; avant le travail du balancier qui donne l'empreinte, après le frai qui l'efface, l'argent possède une valeur connue, reconnue, incontestée, éminemment propre à mesurer toutes les autres valeurs. C'est en ce sens qu'il est monnaie. Vingt-deux grammes et demi d'argent pur, ou vingt-cinq grammes d'argent aux neuf dixièmes, représentent une valeur identique, quelles que soient la forme et l'empreinte qu'on leur donne. Faites-en une sphère, un cube, un cône, un disque, une médaille, vous n'en ferez jamais ni plus ni

moins que vingt-deux grammes et demi d'argent
pur, échangeables en tout pays contre les biens et
les services qui valent cinq francs.

Beaucoup d'honnêtes gens s'imaginent encore
que l'État, en frappant un disque de métal à l'effigie du souverain, lui assigne par cela seul une valeur arbitraire. D'autres, plus éclairés, croient
pourtant que le monnayage augmente sensiblement
la valeur du métal; que le gouvernement prélève
un droit sur la monnaie qu'il frappe : je me suis
laissé dire et j'ai tenu pour vrai dans mon enfance
qu'une pièce de 5 fr. cassée ou fondue ne valait
plus que 4 fr. 50.

La vérité est qu'une pièce de 5 francs contient de
l'argent fin pour 5 francs moins *trois centimes et trois
quarts* ;

Que l'État ne prélève aucun impôt sur les monnaies fabriquées en France ;

Que, d'ailleurs, ce n'est point l'État qui fabrique
la monnaie, mais un entrepreneur, travaillant sur
les commandes des citoyens, sous la surveillance
absolument gratuite de l'État.

Nous avons tous le droit de faire frapper monnaie. Si vous gardez dans votre cave un lingot d'argent pur, si vous trouvez dans un héritage un lot
de vieille argenterie, vous portez ces matières à
l'entrepreneur, qui travaille à façon; il les trans-

forme en pièces de cent sous, et cela ne vous coûte qu'un franc cinquante par kilogramme, c'est-à-dire moins de quatre centimes par pièce, comme je vous l'ai dit. Un kilo d'argent aux neuf dixièmes vaut donc, tout monnayé, deux cents francs moins trente sous.

S'il vous plaisait demain de refondre ces quarante pièces de cinq francs pour en faire soit un lingot, soit une soupière, vous seriez dans votre droit, mais vous perdriez le montant des frais de fabrication, c'est-à-dire un franc cinquante.

Pour que le kilogramme d'argent frappé à la Monnaie vaille un franc cinquante de plus qu'un lingot du même poids et du même titre, il faut que le travail du monnayage lui ait donné un supplément d'utilité.

En effet, cette opération nous épargne du temps et du tracas pour plus d'un franc cinquante. Mettez-vous un moment à la place du bourgeois de Paris qui serait obligé d'aller à ses emplettes avec deux cents francs en lingots.

Avant de sortir de chez lui, il découperait son argent en morceaux de toutes grosseurs, ce qui n'est déjà pas une petite affaire. Mais une fois chez les marchands, quelle autre série de tribulations! Chaque emplette entraînerait forcément deux opérations : le pesage du lingot et l'essayage, ou vérification du titre. Entre l'argent à neuf dixièmes et l'argent à huit, voire à sept, il n'y a pas de différence appréciable aux yeux.

Il est vrai que l'acheteur pourrait peser et essayer ses lingots à l'avance, et dire : Je vous garantis tant de grammes à tel titre. Mais le marchand demanderait à voir, et il serait dans son droit. L'épicier dirait: J'ai pesé mon sucre, pesez votre argent. Je vous ai permis de goûter mes pruneaux, et vous voulez que j'accepte vos lingots sans les toucher?

On devine qu'à ce train-là les transactions n'iraient pas vite. L'échange s'accéléra notablement le jour où l'on convint d'y employer des lingots pesés d'avance, essayés d'avance, et de plus, certifiés par l'autorité publique.

Lorsque vous entrez dans une boutique et que vous jetez sur le comptoir une pièce de cinq francs, le marchand n'a qu'à ouvrir les yeux et à tendre l'oreille : toute autre vérification serait superflue. Il sait instantanément que la pièce pèse vingt-cinq grammes, qu'elle est au titre de neuf cents millièmes, et que, par conséquent, il reçoit vingt-deux grammes et demi d'argent pur. Le travail le plus long et le plus minutieux ne lui en apprendrait pas davantage. Dès que le disque est revêtu de l'empreinte légale, on est sûr qu'il est fabriqué par un entrepreneur responsable, sous les yeux de contrôleurs désintéressés.

La pièce de cinq francs est donc d'un emploi plus commode, plus rapide et plus sûr qu'un disque de même poids et de même aloi. Ces avantages sont-ils payés trop cher au prix de trois centimes et trois quarts? Non, surtout si vous songez que la dépense de trois centimes se répartit sur plus de mille transactions.

Les frais de fabrication sont perçus par l'entrepreneur, en échange d'un travail et d'un service réels. Il fait marcher des laminoirs, des emporte-pièce, des presses monétaires; son usine est un véritable moulin qui transforme les lingots en disques certifiés.

L'État surveille gratuitement toutes les opérations du monnayage. Le contrôle étant d'intérêt public, il est juste et naturel que le public en fasse tous les frais.

Vous voyez que l'écart est presque nul entre le prix de l'argent en lingot et le prix de l'argent monnayé. Tous les peuples civilisés ont adopté la même façon d'agir; partout l'argent frappé est donné et reçu pour sa valeur intrinsèque. Dans les échanges internationaux, on fait abstraction de l'alliage et de l'empreinte; on ne tient compte que du poids d'argent fin contenu dans chaque pièce.

Si vous avez du blé à vendre et si vous estimez l'hectolitre à quatre-vingt-dix grammes d'argent pur, il vous importe médiocrement d'être payé en pièces de cinq francs à l'effigie de l'Empereur des Français, ou en thalers de Prusse, ou en florins d'Autriche, ou en roupies de l'Inde anglaise ; l'important, c'est qu'on vous donne quatre-vingt-dix grammes d'argent pur, certifié par n'importe quelle autorité. Toutes les monarchies, toutes les républiques comprises dans le groupe de la civilisation européenne sont également dignes de foi en matière de monnaie.

Il y a donc réellement une mesure commune, applicable à toutes les valeurs : c'est le gramme d'argent fin. L'unité de valeur est trouvée ; ce qui manque encore au genre humain, c'est l'uniformité des monnaies. Plus les peuples se rapprochent par l'échange, plus le besoin d'un type uniforme se fait sentir. Quand les voyages étaient difficiles et le commerce entravé par mille barrières, quand chaque peuple voyait dans son plus proche voisin son ennemi le plus direct, quand les despotes petits et grands exploitaient leurs sujets par tous les moyens, sans dédaigner l'émission de la fausse monnaie, il était naturel que chacun se tînt en défiance contre l'argent des étrangers. Les pièces d'un pays n'avaient pas nstu re;s r'dl'a noacil fallait

recourir au changeur, c'est-à-dire céder trente
grammes d'argent à telle effigie contre vingt-huit
à telle autre.

Un peu plus loin, on rencontrait une nouvelle
frontière, il fallait une autre monnaie, et les vingt-
huit grammes de métal, entre les mains du changeur, se réduisaient à vingt-cinq. Si le voyage durait
un mois, dans les pays déchiquetés arbitrairement
comme l'Allemagne ou l'Italie, la plus grosse pièce
d'argent s'en allait en fumée : les changeurs avaient
tout pris. Aujourd'hui l'on peut faire cinq cents
lieues en quarante-huit heures ; la grande famille
européenne, qui comprend les États-Unis d'Amérique, échange plus de biens en un mois que nos
ancêtres en un siècle ; les nations se rapprochent
avec autant de zèle qu'elles en mettaient jadis à
s'éviter ; les finances publiques sont partout à ciel
ouvert ; le moment est donc venu de frapper une
série de monnaies qui circulent sans perte et sans
embarras d'un bout à l'autre du monde civilisé.

Quatre ou cinq médailles d'argent, d'un titre
unique et d'un module uniforme, suffiraient à la
solution du problème. La face pourrait varier à
l'infini, selon la forme des gouvernements et le
profil des divers princes ; le revers indiquerait par
un chiffre lisible en tout pays le poids de chaque
pièce. Les nombres 2, 5, 10, 25, apprendraient aux

Français comme aux Russes, aux Espagnols
comme aux Américains, qu'ils ont devant les yeux
2, 5, 10, 25 grammes d'argent au titre de 900 millièmes. L'argent fin est impropre à la fabrication
d'une bonne monnaie; l'expérience a prouvé qu'un
dixième de cuivre et neuf dixièmes de fin composaient l'alliage le plus satisfaisant. Les peuples civilisés ont l'habitude de manier cet argent décimé
par le cuivre; ils savent le ramener à sa valeur
exacte par le plus simple et le plus familier des
calculs.

Mais tandis que les économistes se félicitent de
tenir enfin la monnaie universelle, une partie du
monde civilisé choisit l'or pour commune mesure
de toutes les valeurs, et démonétise l'argent. Comment? Pourquoi? Je vais tâcher de vous le dire.

L'or, vous le savez, a toutes les qualités requises
pour faire une excellente monnaie. C'est un produit très-beau, très-utile et universellement recher-
ché. Les sauvages de Christophe Colomb ne le fou-
laient pas aux pieds, comme on l'a prétendu; ils en
ornaient leurs personnes et leurs temples; ils
l'échangeaient entre eux contre les autres biens.

Il est non-seulement plus beau, mais aussi plus
rare que l'argent. Étant plus demandé, il a plus de
prix et contient une valeur plus grande sous un
égal volume.

Dans l'instant où nous parlons, on échange un
kilogramme d'or pur contre quinze kilos et demi
d'argent pur. Le rapport entre les deux métaux est
donc de 1 à 15 1/2.

Pour les usages de la vie, dans une civilisation
avancée comme la nôtre, l'or a un grand avantage
sur l'argent : il est plus portatif. Cent cinquante-
cinq pièces de 20 fr. valant ensemble 3100 fr. ne
pèsent qu'un kilogramme. C'est un fardeau qu'on
peut voiturer dans les poches sans en être incom-
modé. La même somme, en argent, pèserait quinze
kilos et demi; la charge moyenne d'un commis-
sionnaire parisien; la moitié du bagage permis à
chaque voyageur sur nos chemins de fer. L'or est
donc une monnaie qui devient indispensable à
mesure que les besoins se compliquent et se raffi-
nent, que les communications s'étendent, que les
sociétés s'enrichissent.

Nous produisons, nous consommons, nous échangeons, nous voyageons beaucoup plus que les Français du dixième siècle par exemple; l'or nous est
donc plus nécessaire.

Sans remonter si haut, chacun de nous peut se
reporter à l'âge heureux où vingt sous d'argent
blanc lui assuraient du plaisir pour tout un dimanche. Comme on avait des billes, des sucres d'orge
et du pain d'épice pour vingt sous! Maintenant

nous sommes des messieurs; nos besoins se sont
compliqués; nous n'osons plus nous aventurer
dans les rues de Paris sans quelques pièces de vingt
francs. La provision d'une journée bourgeoise ar-
racherait nos poches, s'il fallait la porter en gros
argent.

Lorsqu'un Parisien s'arrête dans un village, j'en-
tends dans un véritable village, il s'émerveille de
voir comme les pièces de cinq francs ont la vie dure.
Quand un villageois s'aventure à Paris, à Marseille,
au Havre, à Bordeaux, il s'épouvante à la vue des
louis qui fondent dans ses doigts. C'est que le Parisien se trouve transplanté au sein d'une vie moins
avancée et partant moins exigeante. Ses besoins se
réduisent faute d'occasions; il est dans un milieu
où tout le monde produit moins et consomme
moins. Le village est en retard d'un siècle ou deux
sur les grandes villes; l'or y est presque superflu,
puisque tous les besoins qu'on peut y satisfaire en un
jour représentent à peine une pièce de cinq francs.
Le paysan qui tombe au milieu de Paris est entouré
de gens qui gagnent, dépensent et jouissent plus
que lui; qui ont plus de besoins, plus de ressources, une activité plus dévorante, et qui regardent
l'or avec moins de respect parce qu'ils ont moins
sué pour l'obtenir. Ce parallèle vous représente la
civilisation d'autrefois et la civilisation future. Le

village, c'est le passé ; la ville, c'est l'avenir. Il fut
un temps où Paris et Marseille vivaient petitement,
comme tel hameau de Bretagne ou d'Alsace; un
temps viendra où l'habitant des hameaux aura les
mêmes besoins et les mêmes ressources que le
Parisien d'aujourd'hui. La monnaie d'or sera
aussi indispensable aux villageois du vingtième
siècle , qu'elle était inutile aux bourgeois du
dixième.

Dès aujourd'hui vous pouvez remarquer que
l'usage de l'or s'étend à vue d'œil. Il n'y a pas un
siècle que le plus noble des métaux était à peine
connu des classes laborieuses. La cour, la finance
et quelquefois le haut commerce le maniaient fami-
lièrement; les marquis de comédie disaient à leurs
valets : Frontin, mettez de l'or dans mes poches !
Mais le commun des martyrs n'y touchait qu'avec
une terreur superstitieuse et ne le recevait guère
que pour le cacher. Cette manie s'est perpétuée jusqu'à nos jours; les hommes de mon âge se rappel-
lent le temps où les marchands craignaient de
payer une traite en monnaie d'or. Leur crédit en
aurait souffert; on eût dit dans le voisinage : Un
tel est arrivé au fond du sac; il crache sa bile. Tant
il était admis que l'or n'est pas fait pour circuler,
mais pour dormir au fond des tiroirs. Les voyageurs anglais, qui payaient tout en or, faisaient

scandale dans les petites villes et même un peu dans les grandes.

D'où vient le changement qui s'est opéré dans nos mœurs? Pensez-vous l'expliquer par les merveilleux arrivages de l'Australie et de la Californie? Non. La production de l'or s'est développée, j'en conviens, mais celle de l'argent ne chômait pas durant la même période. Pour qu'un kilogramme d'or s'échange encore aujourd'hui contre 15 kilos et demi d'argent, il faut que les deux métaux aient afflué chez nous dans une proportion à peu près constante. En autres termes, il est clair que nous avons reçu du Mexique ou d'ailleurs 31 livres environ d'argent fin toutes les fois que l'Australie ou la Californie nous envoyait un kilogramme d'or: sans quoi la valeur respective des deux métaux précieux serait sensiblement changée, et personne ne donnerait plus quatre pièces de cent sous en argent pour une pièce de vingt francs en or. Si la proportion est restée la même, ou peu s'en faut, depuis 1848, c'est que nous avons un peu plus d'or qu'autrefois et énormément plus d'argent.

Et cependant, c'est l'or qui circule; c'est l'argent qui s'empile ou s'enterre, ou s'exporte, ou dort en lingots dans les caves. La conséquence est facile à déduire. Si la France délaisse un peu le plus pesant des métaux précieux, si tous les ci-

toyens qui portent des lingots à la Monnaie y vont
avec des lingots d'or, c'est que l'or répond mieux
aux besoins de l'époque; c'est qu'un métal plus
portatif fait mieux l'affaire d'un peuple qui se dé-
gourdit.

Les pièces d'or sont fabriquées pour le compte
des particuliers, comme les pièces d'argent. Les
entrepreneurs touchent 6 fr. 70 par kilogramme,
soit un peu plus de 4 centimes sur une pièce de 20
francs, un peu plus de 1 centime sur une pièce de
5. La pièce de 5 francs en or a donc une valeur
intrinsèque de 4 francs 99 centimes environ. La
monnaie d'or au titre de 900 millièmes, c'est-à-dire
contenant un dixième du cuivre, est plus solide
encore et plus inaltérable que la monnaie d'argent.

Le gramme d'or pourrait servir à mesurer toutes
les valeurs et devenir la base d'une monnaie universelle, tout aussi bien que le gramme d'argent.
« Combien me prendrez-vous pour me faire un
habit? — 36 grammes d'or, au plus juste. Cette
paire de chevaux, combien vaut-elle? — 2 kilos
d'or. Une maison du boulevard Haussmann s'est
vendue hier matin 1000 kilos d'or légal, c'est-à-dire
aux 900 millièmes. » On s'habituerait vite à cette
façon de compter.

Le difficile serait d'évaluer en grammes d'or un

paquet de tabac, un mètre de calicot, un litre de vin d'Argenteuil.

Une numération fondée sur le gramme d'argent pourrait exprimer les valeurs les plus considérables; une série qui part du gramme d'or est forcément plus limitée; elle ne peut descendre au-dessous de 3 fr. 10 centimes; encore une monnaie de 3 fr. 10 centimes en or serait-elle exposée à s'envoler au vent.

L'argent lui-même ne peut pas se faire assez petit pour payer un petit pain ou une boîte d'allumettes. La pièce de cinq centimes en argent pèserait 25 centigrammes et appartiendrait de plein droit au monde microscopique. Malgré cette insuffisance, qui a nécessité l'emploi du billon, l'argent est non-seulement utile mais indispensable à la mesure des valeurs au-dessous de cinq francs.

· Ainsi, la civilisation est armée de deux instruments merveilleusement propres à la mesure des valeurs. L'or, pris à part, est une admirable monnaie; son seul défaut est de n'évaluer que les biens d'un prix élevé. L'argent, de son côté est une monnaie irréprochable, sauf qu'elle tient trop de place et qu'elle pèse un peu trop.

L'argent peut tout évaluer, à partir de cinquante centimes; l'or peut tout évaluer à partir de cinq francs.

Le difficile, hélas! est d'évaluer l'un par l'autre
ces deux biens privilégiés qui évaluent tous les
autres.

Dans les pays où l'argent est adopté comme éta·
lon, c'est-à-dire comme unique mesure des valeurs, l'argent évalue tout, achète tout : le blé, le
drap, le vin, l'or même y sont cotés comme marchandises. Tout cela hausse et baisse au gré de
l'offre et de la demande; on en donne plus ou
moins en échange d'un gramme d'argent. L'argent
seul est solide au poste; il représente l'unité fixe,
invariable, à laquelle on rapporte les valeurs de
toute espèce. Si je conclus un marché à long terme,
si par exemple je prête à une société civile ou à
une association religieuse cent kilogrammes d'argent moyennant une rente perpétuelle de cinq
pour cent, je suis sûr que ma postérité la plus re-
culée recevra tous les ans cinq kilos du même
métal. Ce contrat, comme tous les contrats du
monde, laisse prise au hasard des événements, il
implique une part d'inconnu. Je ne peux pas prévoir si dans deux ou trois siècles les aliments, les
habits, la vaisselle, les objets de première nécessité, les marchandises de luxe coûteront plus ou
moins cher que de mon temps. Peut-être obtien-
dra-t-on pour un gramme d'argent quatre fois
plus de pain qu'on n'en achète aujourd'hui; peut-

être en aura-t-on quatre fois moins : voilà le point
douteux de mon affaire. Ce qui n'est pas douteux,
c'est que mes héritiers auront droit à une rente
annuelle de cinq kilos d'un métal identique à celui
que j'ai prêté.

Dans les pays où l'or est l'unique étalon des
valeurs, c'est l'or qui évalue et achète toutes les
marchandises, le blé comme l'argent. Supposez un
contrat à long terme, vingt kilos d'or prêtés à fonds
perdu au taux de 5 pour cent, les héritiers du prêteur sont assurés d'un revenu net et invariable :
ils recevront chaque année un kilogramme d'or.
Rien ne prouve que ce kilogramme achètera jusqu'à la fin des siècles 8000 kilogrammes de blé;
peut-être dans cent ans en payera-t-il 20 000, peut-
être 5000 seulement; mais on est sûr que les héritiers recevront perpétuellement un égal poids
d'un métal identique. C'est une sécurité qui n'est
pas méprisable.

Supposez au contraire un pays où l'unité de valeur soit ce qu'elle est chez nous depuis l'institution du système métrique, et vous verrez surgir
de curieuses complications.

Les grands législateurs de l'an 11, justement
convaincus que l'or seul ne peut donner qu'une
monnaie incomplète, que l'argent seul ne peut
donner qu'une monnaie insuffisante, n'ont voulu

démonétiser ni l'un ni l'autre métal. Ils ont bien fait : l'or et l'argent sont deux éléments indispensables aux transactions du commerce.

Mais ils se sont trompés en instituant deux étalons, l'un d'or et l'autre d'argent, en décidant que l'unité de valeur serait indifféremment ou une pièce d'argent du poids de cinq grammes, ou la vingtième partie d'une pièce d'or du poids de 6 grammes 45 161 cent-millièmes de gramme.

Décider que tel poids d'argent équivaudra toujours à tel poids d'or, c'est décréter en quelque sorte l'identité des deux métaux à dose inégale; c'est dire qu'un kilogramme d'or et 15 kilos et demi d'argent sont une seule et même chose, c'est nier par avance les événements qui peuvent altérer une proportion accidentelle, temporaire et locale; en un mot, c'est faire violence à la nature.

M. Michel Chevalier, dans un livre que je devrais citer à chaque ligne, s'élève avec une logique éloquente contre le système du double étalon. Je renvoie à son plaidoyer ceux qui veulent approfondir cette question, et je me borne à l'effleurer ici.

L'or et l'argent n'ont aucune parenté; ils ne sont pas l'aîné et le cadet d'une famille aristocratique. La distance qui les sépare en tant que valeur peut varier à l'infini. Dans le même pays, on voit,

selon les temps, le kilogramme d'or s'échanger
contre dix, douze, quatorze, quinze, seize, dix-sept,
dix-huit kilos d'argent. Dans le même temps, la
proportion n'est pas partout la même. En 1857,
quand le commerce européen força les portes du
Japon, les indigènes échangeaient un kilo d'or
contre 3 kilos d'argent et 1/7. C'est-à-dire que l'or
comparé à l'argent valait cinq fois moins cher à
Yeddo qu'à Paris. Vous auriez quintuplé votre
capital en portant de l'argent au Japon pour l'é-
changer contre de l'or !

Rien ne prouve que chez nous la proportion de 1 à
15 1/2 se maintiendra même approximativement,
comme elle a fait depuis un demi-siècle. La ra-
reté respective des deux métaux est un élément
considérable de leur prix. Que l'on découvre une
deuxième Californie, ou que trois ou quatre mines d'argent se mettent en grève : l'or surabonde
et se déprécie; l'argent se fait rare, il est plus demandé qu'offert, il hausse.

En pareille occasion, tout débiteur intelligent
s'empresserait de solder ses créanciers. Seulement il payerait en or ce qu'on lui a prêté en argent. Tous les tuteurs qui savent compter se hâ-
teraient d'émanciper leurs pupilles : trop heureux
de solder en or déprécié le dépôt qu'ils ont reçu
en argent! Tous ceux qui ont des rentes à servir

les serviraient en or, et s'acquitteraient légalement à moitié prix. Les créanciers, les pupilles,
les rentiers crieraient qu'on les ruine. On leur
répondrait : de quoi vous plaignez-vous? C'est
tant de francs qui vous sont dus; le franc est d'or
ou d'argent, au choix de celui qui paye; nous
choisissons le métal qui nous acquitte à bon marché; la loi ne l'a pas défendu.

Il peut se faire aussi qu'une mine d'argent se
découvre demain en Europe, ou simplement que
la Russie exploite à fond ses énormes filons de
l'Oural. Le cas échéant, c'est l'argent qui baisse-
rait et l'or qui serait en hausse. Les débiteurs,
les pupilles, les rentiers auraient beau dire qu'on
leur doit de l'or, ils seraient payés en argent.

C'est en vain que le législateur s'efforcerait de
maintenir les deux métaux en équilibre. Tous ses
efforts n'aboutiraient qu'à l'altération progressive
des monnaies : la logique et l'histoire s'accordent
sur ce point et condamnent le double étalon.

S'il est encore en vigueur dans plusieurs grands
États de l'Europe, c'est que les gouvernements
modernes évitent autant que possible de s'immis-
cer dans les questions de monnaie. Ils pensent à
bon droit que le pouvoir ne doit intervenir qu'à
la dernière extrémité dans l'échange des biens et
des services. Mais cette abstention cesse nécessai-

rement le jour où une difficulté sérieuse menace les intérêts privés.

Le moment est venu d'étudier un fait actuel où quelques économistes ont cru voir l'abandon d'un principe, mais où je ne vois pour ma part qu'un acheminement vers l'or comme unique étalon.

La France, l'Italie, la Suisse, la Belgique et l'État pontifical viennent de s'entendre pour frapper des pièces de 20 et de 50 centimes, de 1 et de 2 francs, au titre de 835 millièmes.

Comment, pourquoi a-t-on pris cette résolution? Quelles en sont les conséquences proches et lointaines? C'est ce que les cinq gouvernements ont expliqué par le menu aux peuples intéressés. Mais les peuples sont si distraits que je ne crois pas faire un travail oiseux en apprenant à mes lecteurs ce qu'ils sont censés connaître.

Avant le 25 mai 1864, les pièces divisionnaires, c'est-à-dire les pièces de 2 fr., de 1 fr., de 50 et de 20 centimes étaient véritablement une monnaie comme les pièces de 5 francs. Elles étaient fabriquées sur la commande de citoyens (banquiers ou marchands), qui éprouvaient le besoin d'émietter leurs lingots en petites fractions pour le besoin des affaires. Elles représentaient une valeur intrinsèque égale à leur valeur nominale, sauf déduction des frais de monnayage. La pièce de 2

francs valait 2 francs moins 2 centimes environ ;
la pièce de 1 franc valait un peu plus de 99 centimes, la pièce de dix sous valait dix sous moins
un demi-centime, la pièce de quatre sous en valait quatre, moins une différence impossible à évaluer en centimes.

Un beau jour (qui fut un mauvais jour pour la
monnaie d'argent), on s'aperçut que le deuxième
de nos métaux précieux par ordre de mérite était
pour ainsi dire soutiré ; qu'il sortait de chez nous
par des fissures invisibles et s'écoulait vers l'Inde,
vers la Chine, vers les pays de l'extrême Orient.
Le phénomène s'expliquait par des raisons très-
naturelles. Quel est l'homme assez neuf pour conserver sa monnaie lorsqu'on viendra lui dire :
Donnez-moi mille francs, je vous en rends sur
l'heure mille vingt-cinq? Vous en offrît-on mille
cinq, ou mille et un, ou mille francs dix sous,
vous n'hésiteriez pas une minute. Tout le monde
s'empressa donc d'échanger l'argent contre l'or,
dès que l'argent se mit à faire prime. Quiconque
possédait une épargne en argent la troqua avec
bénéfice contre une somme en or. L'exportation
chargea notre argent blanc sur des navires au
long cours ; on fit des pacotilles où les pièces de
cinq francs, de deux francs, d'un franc, de cinquante et de vingt centimes s'en allaient dans

les mêmes sacs pour ne jamais rentrer chez
nous.

Qu'arriva-t-il? La grosse médaille de cent sous
ne fut pas trop regrettée, car on la remplaçait à
mesure par une petite pièce d'or équivalente.
Mais les pièces divisionnaires, à partir de deux
francs, se firent remarquer par leur absence. On
manqua de petite monnaie. Les banquiers et les
commerçants qui avaient l'habitude d'en faire fabriquer, reconnurent qu'ils jouaient un rôle de
dupes, car les pièces qu'ils avaient émises ne ren-
traient pas dans leur caisse, et c'était toujours à
recommencer. Ils perdirent l'habitude de porter
des lingots d'argent à la Monnaie; les pièces divisionnaires devinrent presque introuvables, et l'État
fut mis en demeure de soulager un embarras public.

Or, un gouvernement a-t-il le droit de jeter
plusieurs millions chaque année dans le tonneau
des Danaïdes? Peut-il loyalement faire une opération à laquelle les banquiers et les gros marchands ont renoncé parce qu'ils la trouvaient
ruineuse? Non, les gouvernements n'ont pas de
capitaux; ils ont des revenus annuels, ou budgets,
payés par nous entre leurs mains, à la condition
expresse que tout sera dépensé pour nous jusqu'au dernier centime. Donc ils doivent se garder

d'une mauvaise affaire aussi scrupuleusement que d'une mauvaise action. La France, l'Italie, la Suisse, l'État du Pape et la Belgique n'avaient donc pas le droit de fabriquer la monnaie d'argent aux frais du public, dès que les particuliers abandonnaient cette opération comme ruineuse.

Cependant il fallait nous mettre entre les mains une mesure des valeurs inférieures à la plus petite monnaie d'or, qui est de cinq francs.

On résolut d'importer le billon d'argent, dont l'expérience est faite en Angleterre depuis un demi-siècle.

Qu'est-ce que le billon?

Il faudrait n'avoir pas deux sous dans la poche pour ignorer qu'il existe. Quant à le définir, peu d'hommes en sont capables, par le temps d'insouciance et de richesse où nous vivons.

Le billon est un substitut métallique de la monnaie; il la remplace dans les petites transactions, il l'accompagne sous le nom d'appoint dans les grandes; il comble les lacunes que la monnaie véritable ne peut remplir.

L'évaluation de tous les biens se fait et se fera toujours en véritable monnaie. Lorsque le boulanger vous cède un petit pain d'un sou, il entend recevoir en échange 25 centigrammes d'argent à 900 millièmes, ou 16 milligrammes d'or au même

titre. Si, au lieu d'acheter un seul petit pain chez
le même marchand, vous en preniez deux cents,
il ne vous les livrerait pas à moins de 50 grammes d'argent ou de 3 gr. 2682 d'or légal. Mais
comme il serait plus qu'incommode de réduire
l'or ou l'argent en fractions minimes, on évalue
le petit pain en argent, et on le paye en cuivre.

Le sou que vous donnez au boulanger vaut-il
la marchandise que vous recevez en échange?

Non.

Le sou est une rondelle de bronze du poids de
5 grammes. Les matières dont on l'a fait sont le
cuivre pour 95 centièmes, l'étain pour 4 et le zinc
pour 1. Le cuivre en lingots vaut de 2 fr. à 2 fr. 80
le kilo, le sou, comme valeur intrinsèque, ne représente qu'un centime lorsque le kilogramme de
cuivre est à 2 francs. Il suit de là que 200 petits
pains s'échangent contre 10 francs (valeur intrinsèque), si on les paye en or ou argent, et contre
2 francs (valeur intrinsèque) si vous les achetez
un à un contre du cuivre.

Et cependant vous vous sentez exactement aussi
riche quand vous avez 5 fr. en sous que si vous
les possédiez en or.

Pourquoi? Parce que le billon de cuivre, outre
sa valeur intrinsèque, représente une valeur de
convention sociale.

Il a été entendu entre tous les citoyens français qu'un sou de cuivre serait donné et reçu dans
les petits échanges et dans les appoints pour 25 centigrammes d'argent, quand même il n'en vaudrait
que cinq. Le Gouvernement s'est chargé de fabriquer, au profit et aux frais de la nation, cette
fausse mais commode et excellente monnaie. Il
l'émet autant que possible dans la proportion des
besoins publics, car s'il en faisait trop, le billon
serait déprécié, les débitants qui l'ont en caisse
ne pourraient l'échanger au pair, et ils élèveraient
en conséquence le prix de leurs marchandises.

Une très-petite quantité de billon peut suffire
à tous les besoins d'un grand État riche et floris-
sant, car cet instrument d'échange se multiplie
par la rapidité de ses mouvements. Personne n'est
trompé sur sa valeur intrinsèque; on ne s'avise
donc pas de l'enfouir comme l'or ou l'argent.
Chacun l'accepte sans difficulté, comme un outil
modeste dont il aura besoin dix fois dans la journée; mais il faudrait avoir perdu la tête pour thésauriser en décimes. Les pauvres gens qui mettent sou sur sou, changent leur cuivre en or ou
en argent dès qu'ils ont de quoi faire la pièce
ronde; les riches n'échangent leur argent contre
du cuivre qu'au fur et à mesure de leurs menus
besoins. Tout le monde en voulant un peu et per-

sonne n'en voulant beaucoup, le billon court de l'un à l'autre et fait incessamment la navette entre les citoyens d'un même pays. Voilà comment un peuple qui possède environ six milliards en monnaie véritable se suffit avec soixante millions de cuivre. Le cuivre ne figure dans notre numéraire que pour un centième environ.

Ces soixante millions, si nous voulions les vendre à l'étranger, n'en vaudraient guère plus de douze. Mais ils ne sont pas à vendre, et personne ne pense à les exporter.

Le sou français, hors de chez nous, ne représenterait que sa valeur intrinsèque. Chez nous et entre nous, il a de plus une valeur fiduciaire. C'est un centime de cuivre, plus un bon de quatre centimes sur la communauté des citoyens français.

Vous me demanderez peut-être quel profit nous trouvons à donner et à recevoir des sous qui valent un centime, un centime et demi, quand il serait tout simple de les faire quatre ou cinq fois plus lourds? Le cuivre deviendrait une juste monnaie comme l'or et l'argent; on taillerait quarante pièces d'un sou dans un kilogramme de cuivre, et l'élément fiduciaire serait remplacé par un surcroît de valeur réelle.

Oui; mais le cuivre, s'il devenait juste monnaie,

rendrait moins de services qu'à l'état de simple
billon. Il serait plus encombrant, plus lourd, et
d'un emploi presque pénible. La loi permet au débiteur de payer en cuivre jusqu'à 5 francs : c'est
un demi-kilo de billon à transporter. Ce serait environ 2 kilos et demi, si le métal était donné et
reçu pour sa valeur intrinsèque.

D'ailleurs, le prix du cuivre varie incessamment; il faudrait refondre les sous plusieurs fois
dans l'année. Or, les frais de fabrication coûtent
presque aussi cher que le métal lui-même[1]. Enfin, s'il est impossible ou du moins très-difficile
de marcher avec deux étalons, le moment serait
mal choisi pour en atteler un troisième.

Notre époque songe si peu à élever le cuivre au
rang de monnaie, qu'elle fait descendre l'argent
même à l'humble rôle de billon. C'est le meilleur
moyen, le seul, de conserver les pièces divisionnaires dont le petit commerce a si grand besoin
tous les jours.

Le billon de cuivre se garde bien d'émigrer,
puisqu'il perdrait les quatre cinquièmes de sa valeur en passant la frontière. Nos 60 millions de
sous et de centimes resteront certainement chez

1. Le billon émis en 1853 et 1854 a coûté jusqu'à 1 fr. 69 o.
de fabrication par kilo.

nous jusqu'à ce qu'ils s'usent, et comme ils sont
taillés dans une étoffe solide, nous n'aurons pas
à les refondre de longtemps.

Les nouvelles pièces divisionnaires qui commencent à circuler sont également garanties contre l'exportation qui raflait périodiquement leurs
aînées. Personne n'aurait profit à les porter en
Chine, personne n'est intéressé à les fondre en
lingots, car leur valeur intrinsèque est au-dessous
de leur valeur nominale. Le spéculateur assez
mal avisé pour les soustraire à la circulation ne
pourrait qu'y perdre.

1000 kilos d'argent monnayé au titre de 900 millièmes représentaient 900 kilos d'argent pur ;
1000 kilos de la nouvelle monnaie ne contiennent
plus que 835 kilos de fin. Différence en moins,
65 kilogrammes. Donc, s'il vous prenait fantaisie
de collectionner 200 000 pièces de 1 franc, toutes
neuves, pour les jeter à la fonte, cette petite opération vous coûterait 65 kilos d'argent pur, à
218 fr. 89 c. le kil., ou 14 227 fr. 85 c., sans
compter les dépenses de laboratoire et autres menus frais.

Donc, 200 000 francs en véritable monnaie, par
exemple en grosses pièces de cent sous, valent
environ 14 000 francs de plus que 100 000 francs
en billon d'argent.

Donc, 20 francs de monnaie ancienne valent
1 fr. 40 c. de plus que le nouveau substitut de la
monnaie; celui qui échange une pièce de 5 francs
d'or ou d'argent contre des pièces divisionnaires,
reçoit environ 35 centimes de moins qu'il n'a
donné.

Mais qu'importe? Je perds sept sous toutes les
fois que je change 5 francs, mais les 93 sous qui
me restent sont acceptés pour 5 francs dans mon
pays, à Rome, en Belgique, en Suisse et en Italie.
Cinq nouvelles pièces d'un franc valent 4 fr.
65 cent., plus 0,35 centimes garantis par la nation.

C'est l'État qui émet et garantit le billon d'argent; il s'engage à le reprendre au cours d'émission dans toutes les caisses publiques, quelle que
soit l'importance du versement. Dans les transactions privées, la loi dit que cet argent atténué ne
servira qu'aux appoints, il n'a cours forcé entre
nous que jusqu'à concurrence de 20 francs.

Ces dispositions, loyalement publiées et por-
tées à la connaissance de tous, habitueront les
peuples à consolider leur épargne sous les espèces
de l'or, et à considérer l'argent comme un simple
instrument d'échange. On ne le mettra plus au
rang des biens de conserve; on ne fera plus provision de menues pièces, comme on faisait jadis
au détriment du commerce. Notez bien que cette

quasi monnaie à 835 millièmes contient encore
une respectable quantité de bien réel, puisque sur
mille kilos elle en renferme 835 de métal pur.
C'est à peu près l'aloi de l'argenterie au second
titre (840); c'est 85 millièmes de plus que l'argent au troisième titre : n'importe. Il suffit que
sa valeur de convention soit un peu supérieure à
sa valeur intrinsèque pour que l'épargne s'en dé-
tourne aussi bien que l'agiotage, et qu'on la laisse
tout entière à son véritable emploi : la circulation.

Il ne faut pas être sorcier pour prédire les effets
de cette petite révolution monétaire : il suffit de
regarder ce qui se passe au delà du détroit. Les Anglais, qui sont nos maîtres en économie sociale, ont
choisi l'or pour unique étalon. Leur plus petite
pièce de véritable monnaie vaut environ 12 fr. 50.
Pour les appoints et les dépenses minimes, ils ont
deux billons : un billon d'argent au titre magnifique
de 925, mais léger de poids, et coté sensiblement
au-dessus de sa valeur intrinsèque ; un billon de
cuivre, moins commode et moins beau que le nôtre,
presque deux foids plus lourd, mais dont la valeur
intrinsèque n'arrive pas à la moitié de sa valeur
nominale. Avec ces éléments, *une mesure réelle* absolue et deux mesures approximatives, admises
par convention dans l'intérêt du commerce, l'An-

gleterre produit, échange, épargne plus qu'aucun
pays du monde; ajoutez qu'elle fait deux ou trois
fois plus d'affaires en employant deux ou trois fois
moins de numéraire que nous.

Le cadre de cette étude et sa destination spéciale
ne me permettent pas de m'étendre sur les méca-
nismes ingénieux à l'aide desquels un peuple civilisé fait beaucoup de transactions avec peu d'argent. Le compte courant, le chèque, la lettre de
change, le billet de banque et tant d'autres mer-
veilles de l'industrie financière n'intéressent que
médiocrement, et pour cause, la grande majorité
des travailleurs. Ce qui les touche de tout près,
c'est le salaire, l'épargne, le capital, le revenu, l'association, la coopération : parlons-en.

Permettez-moi seulement de terminer ce chapitre par une réflexion patriotique.

Voilà trois nations indépendantes, éclairées et laborieuses, qui se rallient à notre monnaie et qui
adoptent la dernière conséquence du système métrique. Il y a, dès aujourd'hui, 70 millions d'Euro-
péens qui parleront la même langue toutes les fois
qu'il sera question de longueurs, de surfaces, de
volumes, de poids, de valeurs.

Le système métrique s'arrêtera-t-il en si beau
chemin ? Je suis sûr qu'il s'annexera tous les peuples l'un après l'autre.

Quelques pays l'ont repoussé jusqu'à présent pour deux raisons.

La première, purement théorique, est qu'un de nos savants (Méchain) a commis une légère erreur dans la mesure du méridien.

La deuxième, plus pratique, est l'utopie du double étalon, si malheureusement acceptée par les législateurs de l'an XI.

En adoptant enfin un étalon unique, nous écartons la seule objection sérieuse que le système métrique ait rencontrée sur son chemin; on dit déjà que la grande nation américaine va conformer sa monnaie d'or à la nôtre. Comment rejetterait-elle après cela notre mètre, notre litre, notre kilogramme, qui sont bien autrement logiques que notre pièce de 20 francs? L'idée française est destinée à conquérir le monde civilisé, et cette victoire en vaut bien une autre, quoiqu'elle n'ait pas coûté une goutte de sang[1].

1. Je regrette seulement que le jour même où la plupart des peuples éclairés se ralliant à notre monnaie, notre monnaie se sépare violemment du système métrique. Il n'y a plus rien de commun entre les unités de longueur, de surface, de volume et de poids, et l'unité de valeur représentée par 6gr,45161 d'or au titre de 900 millièmes. Il faudra tôt ou tard refondre toutes les monnaies et repartir du gramme d'or.

VIII

LE SALAIRE

Lorsque j'évoque mes souvenirs du collége, j'y
trouve que le salaire est la rémunération d'un service. On nous a conté, dans les temps, que ce mot
avait la même étymologie que salade. *Sal*, en latin,
exprime un condiment indispensable à l'homme, le
sel. Je n'ai pas besoin de vous dire quel rapport il
y a entre le sel, ou sal, et ce fourrage vert et salé
qui constitue notre salade. Entre le sel, ou sal, et
le salaire, la relation est moins évidente à Paris.
Mais en Abyssinie, à l'heure où nous parlons, le sel
est employé comme monnaie; la tradition veut
aussi qu'il ait fourni la paye des libres travailleurs

à l'origine de Rome. Le citoyen qui avait travaillé
pour un autre, lui disait : Donne-moi mon sel !
comme on dit aujourd'hui : Donnez-moi mon argent ! Sel étant pris pour synonyme d'argent, salarier et payer sont une seule et même chose.

Il est d'éternelle justice qu'un homme libre,
après avoir peiné soit un an, soit un mois, soit un
jour, soit une heure, au profit d'un autre homme,
reçoive l'équivalent des services qu'il a rendus.

Servir pour rien, vous le savez, c'est faire œuvre
d'esclave. Nous affirmons notre liberté toutes les
fois que nous disons à notre égal : Je t'ai servi, à
ton tour !

Non-seulement il n'y a pas de honte à réclamer
le prix du travail qu'on a fait, mais celui d'entre
nous qui se laisserait exploiter sans exiger la réci-
proque descendrait au niveau du bœuf ou du
cheval.

Donc c'est dire expressément le contraire de la
vérité que d'assimiler le salaire au travail servile.
Cette définition qui court les rues est absurde pour
deux raisons : d'abord parce que le salaire est l'inverse du travail, ensuite parce que l'esclave est le
seul homme qui travaille sans recevoir aucun salaire.

Mais peut-être vous semble-t-il que je prenne le
mot dans un sens trop général? J'inclinerais plu-

tôt à croire qu'une certaine école en a trop rétréci
la signification depuis quelques années. Nous avons
vu naître et grandir le monstre fantastique, bouc
émissaire de la société moderne, qu'on s'exerce à
lapider sous le nom de salariat. Tout récémment,
tandis que je lisais une tirade fort éloquente, ma
foi ! contre l'humiliante oppression du salaire, il
m'arriva de Paris une assignation ou citation (je
ne sais trop), mais un papier qui m'appelait à dé-
poser en justice. Au verso de la feuille, je lus cette
formule imprimée, et qui par conséquent n'était
pas faite pour moi seul :

« Le témoin recevra salaire! »

N'y avait-il pas là matière à réflexion? Tous les
ans, nos magistrats adressent la même invitation,
dans les mêmes termes, à un demi-million de
Français, sinon plus. J'estime que les trois quarts
des citoyens reçoivent pour le moins une fois dans
leur vie un papier rédigé dans ce style. Or il est
impossible que la loi, cette haute expression de la
sagesse publique, insulte de propos délibéré la
presque totalité de la nation. Si le salaire impli-
quait un sens injurieux ou simplement désagréa-
ble, on n'aurait garde de l'infliger aux hommes
qu'on invite à parler sous la foi du serment. Évidemment, le ministère public interprète ce mot
dans le même sens que les plus grands législateurs

du monde ancien. Il dit: « Si je dérange un homme, si je confisque sa journée au profit de l'intérêt commun, la communauté lui doit quelque chose en échange : il recevra du sel ou de l'argent pour en acheter, un produit, un bien, un salaire.

Or, il n'y a qu'une justice, une morale, et une vérité dans ce monde. L'homme qui rend service à un autre doit être payé de retour. Dans toute société quelque peu civilisée, l'individu produit au jour le jour une certaine somme de biens qu'il jette dans la consommation et qui reviennent à lui sous forme de salaire. Nous ne vivons que de cela. J'ai pour voisin de campagne un fermier qui fait mûrir, bon an mal an, 1000 hectolitres de grain. Lorsqu'il porte sa récolte au marché, les consommateurs, accourus de toutes parts, enlèvent ses produits pour s'en nourrir et donnent en échange une trentaine de mille francs : c'est un beau chiffre. Mais le cultivateur a des salaires à payer : tant au propriétaire qui lui prête un sol défriché et des bâtiments en état; tant au bailleur de fonds qui lui prête de quoi acheter ses bœufs, ses chevaux, ses charrues, ses semences; tant aux aides qui ont travaillé sous sa direction; tant à la grande machine politique qui garantit sa sécurité. Lorsqu'il aura donné tous les salaires qu'il doit, il lui restera quatre ou cinq mille francs qui seront le salaire de

son labour annuel. Cette somme est décidément à
lui; elle ne doit plus rien à personne; il en est le
seul maître et le vrai propriétaire; il a le droit
d'en user et d'en abuser, c'est-à-dire de la consommer jusqu'à extinction, si bon lui semble.

Mon autre voisin est un grand industriel qui
vend du fer travaillé en cent façons pour plusieurs
millions chaque année. Il récolte, au lieu de blé,
des limes, des outils, des ressorts de crinoline, des
ouvrages plus ou moins ingénieux, plus ou moins
utiles, mais tous généralement demandés sur le
marché européen. Au fur et à mesure de la vente,
il encaisse une forte somme, quatre millions au
moins, payés par une centaine de gros marchands.
Mais lui-même est débiteur de plusieurs millions,
pour salaires. Le capital, ou l'immense outil qu'il
met en œuvre, appartient à deux cents personnes
qui le lui prêtent : il faut payer salaire à ces gens-
là. Les cinq ou six cents hommes qui forgent, taillent, liment, ajustent et polissent dans ses divers
ateliers, ne sont pas des esclaves astreints au travail; ils viennent à la fabrique parce qu'ils le veulent bien; chacun d'eux a fait ses conditions à l'a-
vance et stipulé son salaire. Quand tout le monde
aura reçu ce qu'on lui doit, le chef d'usine fera son
inventaire et dira : Tous comptes faits, mon salaire, à moi, est de tant. L'an dernier, c'était

100 000 francs; l'année d'avant, 12 000; quelquefois rien; quelquefois moins que rien, c'est-à dire
une perte assez notable : car tout n'est pas profit
dans l'industrie, ni dans le commerce non plus, ni
même dans l'agriculture. Il y a telle année où l'on
s'estime heureux d'avoir joint les deux bouts, et
d'éviter ce salaire tristement négatif qu'on nomme
la faillite.

Quand vous entrez dans une boutique d'épicier
pour prendre un demi-kilogramme de sucre, les
75 centimes que vous jetez sur le comptoir ne sont
pas le salaire du marchand seul; la somme est à
répartir entre plusieurs milliers d'individus qui ont
collaboré directement ou indirectement au service
que cette livre de sucre va vous rendre. L'acheteur
n'entre pas dans le détail d'une répartition si compliquée : toute sa vie n'y suffirait pas. Vous avez
affaire au marchand; il vous demande un prix qu'il
sait ou qu'il croit rémunérateur. Il a fait ses calculs
d'avance; il s'est prouvé à lui-même que s'il ven-
dait son sucre 75 centimes, il pourrait payer tous
les salaires des autres producteurs et s'adjuger à
lui-même 1 centime ou 2 pour salaire. Peut-être
bien s'est-il trompé; peut-être, en fin de compte,
au bout de l'an, verra-t-il que ses calculs étaient
faux, que la totalité de ses salaires se réduit à zéro,
ou même qu'il a plus perdu que gagné. C'est son

affaire. Quant à vous, une fois la marchandise reçue et payée, vous n'avez plus rien à débattre avec le vendeur. Advienne que pourra, vous êtes quitte envers lui. S'il venait, dans dix ans, vous dire : J'ai fait faillite, l'expérience m'a prouvé qu'il aurait fallu vendre mon sucre un sou de plus, vous lui répondriez : Tant pis pour vous! Si, au contraire, vous le rencontriez, dix ans plus tard, dans une voiture à huit ressorts, vous n'auriez pas le droit de lui dire qu'il a vendu son sucre un sou trop cher et palpé un salaire exorbitant. Il a fait le commerce à ses risques et périls; s'il devient riche, tant mieux pour lui!

Toute transaction doit être loyale. Si l'épicier vous donne du plâtre ou de la farine pour du sucre, il vous vole; s'il vous livre 450 grammes pour 500, il vous vole. Si vous le payez en fausse monnaie, vous le volez; si vous ne le payez pas, vous êtes un voleur. Mais une fois que vous avez reçu le vrai poids en vraie marchandise et payé en véritable monnaie le prix librement débattu, vous n'avez plus rien à régler avec le marchand, ni lui avec vous. C'est à lui de se débrouiller dans ses comptes et d'en dégager, s'il le peut, son salaire.

Le manufacturier, le marchand et généralement tous les producteurs qui travaillent à leurs risques et périls sont ballottés entre l'espérance et la

crainte. Ils rêvent tous de réaliser un gros bénéfice
qui les payera largement de leurs peines, mais ils
savent aussi qu'ils travaillent peut-être pour rien.
Le destin des affaires est si capricieux qu'un
homme intelligent et probe peut se ruiner en travaillant, perdre dans l'espace de six mois le fruit
de vingt années de labeur, son patrimoine, sa réputation d'honnête homme, tout enfin, sauf la
vie et la liberté. C'est donc pour ainsi dire un instinct de légitime défense qui le pousse à tout vendre aussi cher que possible, à tout payer aussi
bon marché que possible. Le contre-poids de cette
tendance est dans l'énergie de la partie adverse.
Le consommateur se défend contre les prétentions
exorbitantes du vendeur ; il va au bon marché et
donne la préférence au marchand qui se contente
du moindre salaire. Le petit producteur se défend
à son tour contre l'avarice des entrepreneurs. Il se
met aux enchères et vend ses services au plus offrant. De tous ces mouvements en sens inverse résulte un équilibre instable : la liberté industrielle
a ses fluctuations comme l'Océan, et quelquefois
ses tempêtes.

Or tout le monde n'a pas le pied marin. Si l'esprit d'aventure et un tempérament robuste entraînent quelques milliers d'individus à doubler le cap
de Bonne-Espérance, il y en a des millions qui

préfèrent une cabane sur le plancher des vaches au plus magnifique steamer ballotté par la houle.

A mesure que les sociétés se sont assises, on a vu croître la prudente multitude des travailleur sans ambition qui préféraient le certain à l'incertain. Longtemps avant que les calculateurs eussent dégagé la grande conception de l'*Assurance par division des risques*, on savait s'assurer individuellement contre l'élément aléatoire qui met toujours en question la récompense du travail. Lorsqu'un homme a reconnu par dix années d'expériences que la moyenne de ses salaires est de 1500 francs, il s'estime lui-même à sa valeur industrielle et dit : Je suis un homme de 1500 francs par an. Si je travaille à mes risques et périls, le total de mes bénéfices, ou mon salaire, s'élèvera dans les bonnes années jusqu'à 3000 francs peut-être, mais il se peut aussi que dans une année malheureuse je ne gagne absolument rien. De quoi vivrai-je alors? Des épargnes que j'aurai faites au préalable. Mais si la mauvaise année se présente avant la bonne, je n'aurai pas un centime par devers moi; il faudra que je meure de faim? Assurons d'abord notre existence.

C'est donc l'instinct de conservation qui porte nombre d'individus à préférer le salaire modeste mais fixe aux gros salaires aléatoires.

Le commis de magasin vend ses services au patron moyennant un salaire de tant par mois. Il
sait que s'il était établi à son compte il tirerait
probablement un meilleur parti de son intelligence et de son activité; que peut-être il gagnerait
deux fois, dix fois, vingt fois davantage. Mais d'a-
bord il n'a pas les capitaux ou le crédit indispensables pour fonder le plus modeste établissement.
Ensuite, il voit de près les difficultés, les risques,
les dangers du commerce, et il s'estime heureux
d'esquiver toute initiative et toute responsabilité.
Que l'inventaire de fin d'année soit bon ou mauvais, il a touché son salaire mensuel. Que le patron tombe en faillite, il s'en lave les mains.

L'ouvrier de manufacture ne gagne pas autant
que son patron, ni même que le plus modeste artisan en boutique; mais il n'apporte aucune mise
de fonds, il n'expose rien; lorsqu'il a terminé sa
pièce ou fini sa journée, il sait qu'il a gagné quatre ou cinq francs ou davantage; il va dîner et
dormir sans souci. Peut-être cependant le produit de son travail sera vendu à perte ou dédaigné
par la consommation, c'est-à-dire enterré, matière première, main-d'œuvre et tout. Tant pis
pour le patron! L'ouvrier n'entre pas dans ces
détails. Il a livré son travail, touché sa paye : il
n'a plus rien à prétendre sur les produits éven-

tuels de l'affaire, mais son contrat est formel, et en cas de malheur personne n'a un centime à réclamer de lui.

Les médecins, les avocats, les avoués, les notaires, les huissiers, les agents de change, les courtiers de commerce, les banquiers travaillent tous en vue d'un salaire aléatoire. Qu'on l'appelle honoraires, courtage, commission, agio, peu importe; c'est toujours un salaire, la rétribution d'un service.

Les fonctionnaires petits et grands jouissent d'un salaire fixe, qui porte divers noms, mais qui ne diffère en rien du salaire perçu par les commis de magasin et les ouvriers à la journée. Les appointements d'un garde champêtre, les remises d'un percepteur, les gages d'un exécuteur, le traitement d'un évêque, d'un recteur, d'un professeur, d'un préfet, d'un ministre, la solde d'un maréchal de France, l'indemnité d'un représentant, la dotation d'un sénateur, la liste civile d'un souverain, salaires, salaires, salaires! Dans un État républicain, le premier de tous les salariés est le président; dans une monarchie, c'est l'empereur ou le roi. Le salaire n'est donc pas humiliant en lui-même, puisque la plus haute ambition d'un homme est d'obtenir le plus gros salaire inscrit au budget.

Ah! çà mais, tout le monde est donc salarié, excepté l'homme qui vit de ses rentes?

Je n'excepte pas même celui-là.

Les rentes sont toujours payées par quelqu'un, n'est il pas vrai? Et personne ne les paye par plaisir, mais en échange d'un service. Le fermier rétribue le service qu'on lui a rendu en lui prêtant quelques hectares de terre. Le fermage est donc le salaire du propriétaire foncier.

Le locataire paye quatre fois par an l'abri modeste ou somptueux qu'un autre homme lui prête: chaque terme est un salaire perçu par le propriétaire de la maison.

L'industriel et le marchand qui travaillent avec l'argent d'autrui payent salaire au capitaliste qui les commandite.

Le voyageur qui prend son billet dans une gare paye salaire aux entrepreneurs de transports, c'est-à-dire à vous, à moi, à tous ceux qui possèdent une action de chemin de fer en portefeuille.

L'État, ou la communauté des citoyens, salarie quatre fois par an tous ceux qui lui ont avancé leur agent, soit pour les dépenses de la guerre, soit pour les travaux de la paix. Titres sur l'État, actions, obligations, créances chirographaires ou hypothécaires, maisons de ville, biens-fonds, tout ce qui rapporte intérêt, fermage ou loyer, représente un service rendu et rendu moyennant salaire.

Nous sommes tous salariés et tous nous payons des salaires, car la vie civilisée est un perpétuel échange de services.

IX

L'ÉPARGNE ET LE CAPITAL

La population du globe terrestre, selon les calculs les plus récents, est d'environ 1 350 000 000
hommes. Supposez que la production moyenne du
travail soit d'un franc par tête et la consommation
d'un franc. Au bout d'un siècle ou de cinquante,
le genre humain sera juste au même point qu'aujourd'hui. Il faudra la même somme d'efforts pour
produire la même quantité de biens utiles et apai-
ser les mêmes besoins. L'imprévu, l'accident, le
malheur trouvera les descendants aussi désarmés
que leurs ancêtres; chaque fois qu'un fléau dé-
truira cent mille rations quotidiennes, cent mille

individus jeûneront tout un jour. La moindre in-
terruption du travail entraînera la famine, et si le
chômage dure un peu, on mourra par milliers.
Ceci n'est pas une pure hypothèse. Toutes les races humaines qui se sont obstinées à vivre au jour
le jour ont fini par s'éteindre, quelle que fût la richesse de leur pays natal et la douceur du climat.

Supposez au contraire que tous les hommes vivants se donnent le mot pour épargner un dixième
de leur revenu, c'est-à-dire en moyenne deux sous
par jour. L'inventaire général donnerait 135 millions le premier soir, 49 milliards 275 millions au
bout d'un an, 4 trillions, 927 milliards, 500 millions à la fin du premier siècle. Et qu'est-ce qu'un
siècle dans la vie du genre humain ? A peine autant qu'un jour dans la vie d'un homme.

Une épargne quotidienne de deux sous par tête
ferait donc en cent ans un capital de 3650 francs à
chaque individu, si nous nous contentions de thésauriser comme les paysans ignares et les peuples
demi-sauvages. Mais si le genre humain faisait
fructifier ses économies à mesure qu'il les réalise, le résultat serait bien autrement grandiose.
Vous savez que 1000 francs placés à 5 % produisent 131000 francs en un siècle, et 16 millions
768000 francs en deux cents ans.

Or qu'arriverait-il si la communauté des hom-

mes était seulement dix fois plus riche qu'elle
n'est? La journée de travail pourrait être réduite de dix heures à une seule; ou bien, celui
qui travaillerait dix heures obtiendrait dix fois
plus de biens en échange de son labeur.

Rigoureusement, vous avez le droit de consommer au jour le jour tout ce que vous avez produit,
mais le raisonnement et l'expérience vous prou-
vent que les fruits de votre travail, accumulés par
l'épargne, deviennent les instruments d'un travail
plus facile et plus lucratif.

Il fut un temps où l'homme qui voulait déplacer
un tas de sable, grattait le sable avec ses ongles, et
l'emportait petit à petit dans ses deux mains. Voilà
l'enfance de l'industrie, le travail avant la création
du capital.

Le jour où ce terrassier primitif a su épargner,
soit le temps de fabriquer une pioche et un panier,
soit le moyen de les obtenir par voie d'échange, il
a été mieux armé contre la nature. Ce petit capital,
si misérable qu'il vous paraisse, lui a permis de
faire plus de besogne avec moins d'effort, et de gagner une meilleure journée.

S'il persévère dans son épargne, il échangera le
panier contre une brouette, qui est un capital plus
lucratif. A la brouette succède le tombereau, et le
progrès ne s'arrête pas là. Quand vous voyez cou-

rir sur un chemin de fer cinquante wagons chargés
de ballast, c'est un gros capital qui les traîne et qui
fait en une heure de temps la besogne que deux
cent mille mains ne feraient pas dans l'année.

Les premières fileuses ont tordu l'étoupe avec
leurs doigts, sans autre outillage. Ce qu'elles ga-
gnaient à ce métier-là, je vous le laisse à penser.
Le jour vint cependant où quelqu'une de ces infor-
tunées épargna sur ses gains le prix d'un fuseau.
Un fuseau! petit capital! qui aide cependant, et qui
rapporte. Sur les humbles produits du fuseau, on
économise à la longue le prix d'un rouet. Et plus
tard, quand l'épargne a créé les gros capitaux, vous
voyez, rien qu'en Angleterre, 30 millions de fuseaux tourner tout seuls, et produire plus de fil
en un jour que toutes les fileuses du monde n'en
pourraient tordre en dix ans avec leurs doigts. Or
il ne faut que 450 000 personnes pour diriger ces
30 millions de fuseaux ; donc chaque travailleur,
homme, femme ou enfant, en conduit 66 en moyenne. Et si vous tenez compte de la rapidité vertigi-
neuse de ce travail et de sa perfection féerique,
vous verrez que la production quotidienne de l'individu n'est pas seulement multipliée par 66, mais
plusieurs fois centuplée, grâce au capital.

Étant donnés deux hommes de même force, travaillant d'un égal courage pendant le même nom-

bre d'heures, le premier produira comme 1 et le
second comme 1000, si le premier n'est armé que
de ses mains et que l'autre dispose d'un outillage
parfait. Or l'outillage est un capital formé par des
épargnes individuelles ou collectives. La nature n'a
pas institué de capitaux; c'est l'homme qui les a
tous créés à son usage.

Une ville n'est autre chose qu'une accumulation
de capitaux divers. Le pavé des rues, les égouts, les
quais, les appareils d'éclairage public, représentent l'épargne capitalisée (c'est-à-dire mise au service du travail à venir) par plusieurs générations
d'hommes. Ce sont les instruments de la sécurité,
de la salubrité, des communications rapides, sans
lesquelles le travail languit. Les maisons fermées
et couvertes sont des capitaux faute desquels le
travail serait paralysé par le froid, par le chaud,
par les intempéries de l'air. Dans tous les ateliers,
dans tous les magasins, dans tous les coffres-forts,
vous rencontrez les capitaux fixes ou circulants,
machines, outils, armes de chasse ou de guerre,
métaux bruts et ouvrés, approvisionnements en
tout genre, réserves d'or et d'argent qui fournissent chaque jour les avances indispensables au
travail.

La campagne est peuplée de capitaux comme la
ville, dans un pays civilisé. Routes, chemins, ca-

naux, digues, maisons, hangars, troupeaux au pâturage, étangs empoissonnés, champs défrichés,
arbres greffés, que sais-je encore? Ce percheron
attelé à une charrette, c'est un capital qui en traîne
un autre.

Mais si le moindre instrument de travail est un
capital, tous les hommes sont donc capitalistes?
Oui, presque tous, mais dans des proportions terriblement inégales. Entre le chiffonnier qui possède un outillage de six francs et le banquier qui
dispose de cent millions, l'inégalité est effrayante.
On doit déplorer ces contrastes; on le doit d'autant
plus que la trop grande inégalité dans la répartition
de la richesse arrête l'accroissement de la population. Il faut, dans la société, de grands capitaux disponibles; il le faut dans l'intérêt du prolétaire lui-
même, pour qu'il puisse être payé de ses peines au
jour le jour. Si le maçon qui travaille aux fonda-
tions d'un édifice, si le laboureur qui sème le blé,
devaient vivre à crédit, l'un jusqu'à la récolte, l'autre jusqu'à la réception du bâtiment, ils auraient
tout le temps de mourir de faim l'un et l'autre. Ils
vivent par la grâce de quelque gros capital qui leur
avance le pain quotidien. Mais, d'un autre côté, il
est facile de comprendre pourquoi la population
tend à décroître dans les pays où la disproportion
des fortunes est énorme. L'individu qui détient cent

millions à lui seul n'a pas besoin d'augmenter sa richesse ; il ne songe qu'à la placer le plus sûrement possible et à jouir du revenu. Son capital, prêté à 4 ou 5 pour 100, lui donne quatre ou cinq millions de rente. Un seul homme ne peut dépenser tant d'argent sans en jeter beaucoup par la fenêtre : la moindre part du revenu sera utilement employée ; le plus gros lot s'en ira en dépenses improductives. Et tandis qu'un individu gaspillera, sans profit pour la société humaine, la nourriture de deux ou trois mille familles, ceux qui possèdent un capital de six francs, comme le chiffonnier et bien d'autres, produiront péniblement et peu, faute d'un outillage suffisant ; ils consommeront à peine le strict nécessaire : ils craindront de prendre à leur charge une femme et des enfants, qu'ils ne pourraient nourrir. J'admets que le centuple millionnaire procrée autant de fils et de filles que la nature voudra bien lui en donner ; quand même il aurait douze enfants (ce qui n'est guère en usage chez les riches), ces petites demoiselles et ces petits messieurs causent innocemment un énorme dommage à la société ; ils lui coûtent plusieurs milliers de plébéiens, que l'énormité de leur patrimoine a empêchés de naître.

Supposez que les cent millions de M. X ou de M. Z soient divisés en cinq mille parts de vingt mille francs chacune. Vingt mille francs ne sont pas un gros capital, mais ils constituent un instrument d'une certaine puissance. L'homme qui a vingt mille francs obtient, sans trop de difficulté, s'il est honnête, trente mille francs de crédit; il n'est pas assez riche pour vivre les bras croisés, mais il a les moyens de travailler utilement. Il peut songer au mariage, obtenir la main d'une femme, et se donner le luxe de la paternité. Le capital lui permet de fonder une famille, l'esprit de famille le pousse à l'épargne, et l'épargne augmente son capital.

Selon toute apparence, ce modeste travailleur laissera sur la terre un patrimoine grossi et deux ou trois enfants élevés. Il aura donc contribué au progrès, ajouté quelque chose à l'inventaire général, qui se compose des biens réalisés et des forces intelligentes.

L'homme trop riche n'épargne point, puisqu'il n'a pas besoin d'épargner; l'homme trop pauvre n'épargne point, parce qu'il gagne à peine le nécessaire; si par hasard il se trouve à la tête de quelques francs, il est porté à les dépenser en excès, car s'il les mettait de côté il ne serait pas sensiblement moins pauvre. Prêchez-lui l'économie, il vous répondra : « A quoi bon ? cela n'en vaut pas la peine. » On n'a pas besoin de recommander l'épargne au petit capitaliste; il la pratique d'instinct, et il l'enseigne à ses enfants par son exemple.

Il serait donc à souhaiter, dans l'intérêt du genre humain, que la répartition des richesses fût moins inégale, et que tout individu en âge de travailler rencontrât pour ainsi dire sous sa main l'instrument d'un travail utile. Les hommes de bonne volonté s'accordent tous à dire que le monde irait mieux s'il en était ainsi.

Mais souhaiter et obtenir sont deux : voici l'obstacle :

Le droit de propriété est absolu. Quand le pêcheur s'est tenu toute une journée au bord d'une rivière pour prendre une demi-douzaine de poissons, sa pêche lui appartient aussi incontestablement que sa tête, son bras ou sa jambe. Il s'est fatigué, c'est-à-dire qu'il a dépensé une partie de sa personne en échange de ces poissons; il a seul le droit de s'en nourrir pour réparer ses forces : le produit de son travail vient de lui seul et ne doit retourner qu'à lui. Le soir venu, si ce brave homme est assez sage pour penser au lendemain, assez sobre pour rester sur sa faim, s'il ne mange que cinq poissons sur six et qu'il garde le sixième, il est évidemment dans son droit : le poisson qu'il a épargné lui appartiendra demain aussi absolument qu'aujourd'hui. S'il aime mieux le vendre deux

sous que de le conserver, et s'il met les deux sous
dans une tirelire, les deux sous seront-ils moins à
lui que le poisson? Non. Et quand la tirelire sera
pleine, s'il la casse et s'il y trouve cent francs, les
cent francs lui appartiendront aussi incontestablement que chaque pièce de deux sous lui apparte-
nait en détail. Ce n'est pas en vertu de tel ou tel
article du Code, c'est en vertu de la loi naturelle
que les lois écrites formulent et sanctionnent, mais
que sous aucun prétexte elles ne peuvent abolir.

Celui qui a épargné cent francs est libre d'en
faire ce qu'il veut, pourvu qu'il ne les emploie pas
à nuire. Il peut les manger en un seul repas au
café Anglais; c'est mille poissons à deux sous pièce
qu'il dévorera dans sa soirée, mais personne n'aura
rien à dire. Il peut les jeter à la rivière; c'est comme s'il enterrait mille poissons dans un grand trou:
il fait une sottise, mais il est dans son droit. Il peu
échanger cet argent contre un filet, capital utile.
Les cent francs ainsi transformés deviendront ses
collaborateurs; grâce à eux, il prendra plus de
poisson en moins de temps et avec moins de fatigue.

Si quelque autre pêcheur à la ligne lui dit:
«Prête-moi ton filet pour aujourd'hui, et je te donnerai la moitié de ma pêche,» il rend service contre service, suivant la grande loi naturelle de réci-

procité. L'emprunteur compte prendre au moins trois fois plus de poissons au filet qu'à la ligne; sinon il ne serait pas venu proposer le contrat. S'il ne s'est pas trompé dans ses prévisions, il se trouvera encore en bénéfice après avoir payé le service rendu.

Supposez qu'au moment où l'on a cassé la tirelire, lorsque les cent francs bien comptés s'étalaient sur une table et que le petit capitaliste méditait sur leur emploi, le voisin soit venu lui dire : «Prête-moi ton argent, et je te le rendrai l'année prochaine. » Le possesseur légitime répondra : «Cet argent est le fruit de mes épargnes ; je ne l'ai amassé qu'à force de privations, et je ne me serais pas privé si je n'avais eu quelque jouissance en vue. Je compte l'échanger contre un filet ou contre un autre engin perfectionné qui rende mon travail plus lucratif et moins dur. Pourquoi te céderais-je un avantage que je me suis donné au prix de maints efforts ? Pourquoi ajouterais-je à ton travail une plus-value qui est légitimement acquise au mien ? Si je t'abandonne le profit de mes peines et de mes privations passées, donne-moi quelque chose en échange. — Mais, répond l'emprunteur, ton argent ne fera pas de petits. — Si tu le laissais dans un tiroir, non ; aussi personne n'emprunte pour le stupide plaisir de thésauriser. Mais tu vas acheter de mon argent

17

une deuxième paire de bras qui travaillera pour
toi seul. Tu pêcheras avec plus de profit, grâce à
moi : tu me dois donc une part du gain que je te
procure.» En vertu de ces raisons, qui sont irréfu-
tables, l'emprunteur des cent francs promet d'en
rendre cent cinq au bout de l'année. Les cent cinq
francs appartiennent-ils légitimement au prêteur ?
En est-il le maître absolu ? Est-il libre de consommer l'intérêt de son petit capital ? Et s'il se prive
du plaisir de le consommer, s'il l'épargne, est-il libre de replacer capital et intérêts, de rendre un
service plus grand moyennant une rétribution plus
forte, d'empocher un an plus tard cent dix francs
vingt-cinq centimes ?

Et si cet homme vit assez longtemps pour qu'à
force de travailler, d'épargner et de prêter, il réalise une somme de mille francs, n'est-il pas le seul
être au monde qui ait des droits sur ce capital ? S'il
lui plaisait d'en faire une bouchée, le genre humain n'aurait rien à dire, pas plus que s'il avait
mangé le sixième poisson le jour où l'idée d'épargne lui est entrée dans l'esprit. A plus forte raison
est-il libre de disposer de son bien, soit par donation soit par testament, et de transmettre à un fils
ou à un ami cet instrument de travail qui est l'œuvre de sa vie.

Le donataire ou l'héritier, s'il suit la même méthode, pourra laisser dix mille francs à son fils, qui plus tard en laissera cent mille. A mesure que les survenants seront mieux outillés, ils auront plus de chances de créer des capitaux importants.

Les grands capitaux ont donc la même origine et le même caractère d'inviolabilité que les petits. Les cent millions du banquier sont sacrés comme la vache du paysan et la pioche du terrassier; un même principe, antérieur et supérieur à toutes les lois positives, protège les uns et les autres. Toucher au capital, c'est attenter contre la personne humaine dans sa plus proche incarnation. Il est aussi monstrueux de dépouiller un homme de ses épargnes, que de le réduire en esclavage. En effet, l'esclavage est une confiscation du travail à faire, l'autre crime est une confiscation du travail fait.

Quelques esprits tortus, pour faire leur cour aux prolétaires, affirment que le hasard et la violence ont créé et réparti les capitaux. Le hasard, disent-ils, livre la terre au premier occupant, la guerre et la conquête introduisent par force de nouveaux propriétaires; le hasard de la naissance appelle quelques enfants au partage des millions, tandis que la multitude déshéritée meurt de faim.

Voici la vérité sur ces trois points.

Il faut être bien ignorant des origines de notre

espèce pour supposer que les premiers hommes
n'ont eu qu'à s'installer dans des domaines productifs. La terre brute n'est pas un capital, pas
plus que les animaux sauvages ou féroces qui l'habitent. Il a fallu des siècles de travail pour défricher, assainir et mettre en rapport les champs
qui valent aujourd'hui deux ou trois mille francs
l'hectare, et qui valaient moins que rien au début; il a fallu surtout des prodiges de courage
pour exproprier les hôtes qui possédaient notre
pays avant nous. C'était l'ours, l'hyène et le lion
des cavernes, l'éléphant *primigenius* et le rhino-
céros *tichorinus*. Le géologue retrouve les os de ces
monstres entassés pêle-mêle avec ceux de nos
pauvres ancêtres, ces premiers occupants qu'on
nous représente comme les enfants gâtés du capital et les sybarites de la propriété foncière.

Il est vrai que durant une longue suite de siècles la force brutale a souvent installé le vainqueur
à la place du vaincu. Les terres, les maisons, les
troupeaux, l'or et l'argent ont été pris et repris
cent fois pour une. Le caprice des rois, la faveur
des grands, les intrigues, les fraudes, les confis-
cations ont ravi plus d'un capital à son honnête
créateur pour le livrer à d'autres. Mais les biens
mal acquis ne font que traverser les mains du
scélérat; ils reviennent promptement à la masse,

et le travail et l'épargne les reconquièrent à petit bruit. Nous savons tous comment on devient propriétaire en l'an de grâce 1868. On crée un capital à force de travail et d'épargne, et on l'échange en totalité ou en partie contre un bien-fonds. Il n'y a pas un pouce du sol français qui ait été acquis autrement; pas un titre de propriété qui se fonde sur l'occupation ou la conquête. Ceux qui possèdent de nos jours un coin de terre en ont créé l'équivalent, ils l'ont tiré d'eux-mêmes, pour ainsi dire, à moins qu'ils l'aient reçu par héritage.

Ce n'est point par hasard que le fils hérite de son père. Son patrimoine et sa naissance dérivent de la même source ; c'est un même homme qui l'appelle à la vie et qui lui amasse de quoi vivre. Assurément le père aurait moins produit et moins épargné s'il n'avait eu personne à pourvoir. Le fils est donc au moins la cause occasionnelle de cette fortune qu'il empoche.

On dit aux prolétaires qu'ils sont déshérités ; rien n'est plus faux. Déshérités par qui ? Déshérités de quoi ? Leurs pères n'ont rien laissé pour eux. Ont-ils la prétention d'hériter d'un inconnu, au détriment des successeurs légitimes ? « Mais on a partagé la terre sans nous, et l'on n'a pas réservé notre lot. » Et comment pouvait-on prévoir votre naissance ? L'eût-on fait, vous eût-on gardé un hectare

40 ares par tête (c'est à peu près ce qui vous reviendrait), que feriez-vous d'un coin de terre inculte, sans capital pour le mettre en valeur? La terre n'est pas une richesse par elle-même, avant tout travail; elle n'est qu'une occasion de dépense. Et si vous arriviez par miracle à défricher votre lopin, le jour où vous commenceriez à récolter le fruit de vos peines, trouveriez-vous plaisant qu'on vînt vous dire : restituez dix ares; la population a augmenté de deux millions, il faut faire une part aux nouveaux venus?

Du reste, il n'est pas vrai que la terre soit accaparée en entier. La terre de France, oui sans doute, parce que nous sommes un grand peuple condensé dans un étroit espace; mais à trois jours d'ici, en Algérie, il y a des millions d'hectares à donner. Les hommes manquent au Brésil, en Égypte, aux États-Unis, et la terre y surabonde. Si l'homme aux prises avec un sol neuf pouvait se débrouiller sans capital, je sais dix gouvernements qui vous appelleraient bien vite, et qui payeraient votre passage. L'émigration est très-demandée au delà de l'océan. L'Amérique du Nord accueille, bon an, mal an, 300 000 travailleurs nés et élevés en Europe, aux frais de l'Europe, qui ont coûté l'un dans l'autre une dizaine de mille francs à notre vieille terre épuisée : on estime qu'il faut environ dix mille francs pour faire

un homme. C'est un impôt annuel de trois milliards
que le nouveau monde perçoit sur l'ancien. Mais
quand même on offrirait de vous transporter gratis
au Far West et de vous y donner vingt hectares par
tête, je ne vous conseillerais pas d'accepter : il est
moins dangereux de marcher sans armes contre un
tigre que de défricher un sol vierge sans capital.

X

COMMENT GUÉRIR LE PROLÉTARIAT?
LA GRÈVE

Pauvres gens qui travaillez et qui souffrez, si un homme vous dit que tout est pour le mieux dans le meilleur des mondes, criez haro sur l'optimiste! Mais si un autre vient vous dire que le mal du prolétariat peut se guérir en quelques jours ou même en quelques années, méfiez-vous de l'imposteur.

Pour que Jean, Pierre ou Paul, en arrivant à l'âge adulte trouve sous sa main un outillage complet et parfait (c'est-à-dire un capital), il ne suffit pas que les capitaux abondent dans la société; il faut encore qu'un parent, un bienfaiteur, une providence à figure humaine ait eu soin de préparer un capi-

tal en vue d'aider Jean, Pierre ou Paul. Il n'y a pas
de combinaison qui puisse suppléer la prévoyance
des ancêtres, quand par malheur elle fait défaut.

Le travailleur sans capital, ou prolétaire, est
tenu d'emprunter les outils qui appartiennent à un
autre homme, et d'en payer la location sur son salaire. Cette nécessité réduit son gain à la moitié,
au quart, quelquefois au dixième de ce qu'il gagnerait s'il employait ses propres capitaux. Tel est le
cas du petit détaillant qui emprunte mille francs
pour s'établir, et de l'ouvrier de manufacture qui
emprunte au patron un outillage de plusieurs millions pour gagner trois francs par jour.

En tout état de cause, l'ouvrier se croit volé
parce qu'il s'exagère la valeur de son travail et
qu'il déprécie le travail de son collaborateur, le
capital. Souvent même il se croit assassiné par le
capitaliste, et cette erreur est surtout fréquente
chez l'ouvrier le plus civilisé. Comme il a plus de
besoins qu'un manœuvre ou un paysan, il est plus
difficile à contenter, et très-sincèrement il croit
manquer du nécessaire lorsqu'il gagne deux et trois
fois plus qu'un garçon de charrue. Il crie, et de
bonne foi, qu'on l'égorge, que les patrons se nourrissent de sa chair et s'abreuvent de son sang. Ob-
jectez-lui la loi de l'offre et de la demande, il la
nie et répond par la métaphore de l'outil vivant :

« Je suis un outil vivant ; celui qui se sert de moi doit avant tout m'entretenir, me réparer, me tenir net et luisant. » Il est formellement impossible de fonder un accord sur cette base, car les besoins de l'homme sont illimités ; l'un succède à l'autre.

Il fut un temps où les ambitieux exploitaient le mécontentement des prolétaires. On les poussait aux révolutions ; on leur disait : donnez-nous le pouvoir et nous vous donnerons l'aisance.

Mais le gouvernement le plus fort, le plus despotique, ne pourrait modifier en rien les rapports du travail et du capital. Que les prolétaires soient en majorité dans un pays, qu'ils usent du suffrage universel pour mettre un prolétaire sur le trône, qu'ils aient un corps législatif, une administration et des tribunaux exclusivement prolétaires, ils n'arriveront pas à changer la répartition des richesses ni même à obtenir cinq centimes d'augmentation sur les salaires quotidiens. Car le droit de propriété est placé sur une hauteur inaccessible à tous les décrets politiques ; la loi même ne peut y toucher, sous peine de n'être plus la loi. Si la majorité des citoyens votait la spoliation d'un seul, elle ne commettrait qu'un brigandage solennel. L'État peut-il du moins s'interposer entre les prolétaires et les capitalistes pour prêter aux uns l'argent des autres ? Pas davantage. Si le capitaliste connaît as-

sez le prolétaire pour lui confier son bien sur une
garantie morale, il le lui prêtera spontanément,
sans intervention de l'État. S'il a de bonnes raisons, ou même de mauvaises, pour garder la libre
disposition de son argent, l'État ne peut sans crime
violer un droit absolu. Quant à l'intervention de
l'autorité dans le tarif des salaires, elle vient de
l'absurde et retourne à l'absurde. On ne peut pas
contraindre l'homme à payer un service plus cher
qu'il ne l'estime. Les entrepreneurs achètent la
main-d'œuvre pour la revendre avec profit; si vous
les mettez dans le cas de la payer si cher qu'il faille
la revendre à perte, ils ne l'achèteront plus. Donc
abolir la loi de l'offre et de la demande serait aussi
ingénieux que de rapporter la loi de la gravitation
ou de décréter qu'à l'avenir deux et deux feront
cinq.

Tous les efforts qu'on a tentés jusqu'ici pour organiser arbitrairement le travail n'ont servi qu'à
effaroucher le capital, à ralentir la production, à
réduire la consommation et à imposer un jeûne
cruel aux prolétaires. Tiennent-ils l'expérience
pour décisive? On le dit, et je me plais à le
croire.

Le second Empire leur doit beaucoup et il n'a
rien ménagé pour conserver leurs sympathies. Depuis longtemps, croyez-le bien, il aurait entrepris

le nivellement des richesses, si la toute-puissance
d'un homme pouvait aller jusque-là. Mais convaincu que l'autorité n'a rien à faire entre le capital
et le travail, ce gouvernement fort, et amoureux
de sa force, s'est spontanément désarmé. Il se lie
les mains devant le grand combat des intérêts
économiques, pour que le capital et le travail
règlent leurs comptes en liberté.

La liberté des coalitions était à peine proclamée
que les ouvriers de Paris ont voulu tâter de la
grève. Nouvelle expérience, que j'ai suivie avec
une attention soutenue et un douloureux intérêt.

La grève part de ce principe que les capitaux
industriels ont besoin de la main-d'œuvre, comme
la main-d'œuvre a besoin d'eux. Les ouvriers s'entendent tous ensemble et viennent dire aux entrepreneurs : si vous n'augmentez pas nos salaires, nous nous croisons les bras, la production
s'arrête, vos capitaux ne rapportent plus rien,
votre crédit expire, votre clientèle vous quitte et
vous êtes ruinés.

Voilà les patrons fort en peine. Au moment où
la grève se déclare, ils ont des commandes à
livrer, leurs produits sont vendus d'avance à date
fixe, à prix fait, et ces prix sont réglés sur les
anciens tarifs de la main-d'œuvre. En général,
grâce à la concurrence, la marge n'est pas grande

entre le prix de vente et le prix de revient. Si
l'on subit la loi des ouvriers, il faudra fabriquer
à perte et peut-être se ruiner. Périr pour périr,
les fabricants qui ont du cœur aiment mieux recourir aux partis extrêmes : ils suspendent leurs affaires et opposent au chômage des bras le chômage des capitaux. La production nationale est
suspendue ; la consommation se restreint ou s'ap-
provisionne à l'étranger. Cette crise dure quelques
semaines, après quoi les ouvriers et les patrons,
rudement éprouvés, s'arrangent à l'amiable et fi-
nissent par où ils auraient dû commencer.

Mais au lendemain d'une telle secousse, la re-
prise des travaux se fait toujours dans de tristes
conditions. Il reste un levain de rancune au fond
des cœurs ; le capital et la main-d'œuvre ne se sont
réconciliés que par force ; le souvenir des hostili-
tés survivra longtemps. On va collaborer comme
autrefois, mais non plus avec les sentiments d'autrefois.

Ce n'est pas tout. Les ouvriers ont fait la guerre
à leurs dépens et aux frais de leurs familles. Ils se
sont imposé des privations ; ils ont vu, ils ont fait
souffrir femme et enfants : la force, la santé, la
gaieté, l'harmonie du ménage ont reçu quelques
atteintes ; on a moins de cœur au travail. Le peu
d'argent qu'on avait mis de côté, ce modeste tré-

sor qui représentait des années d'épargne, a fondu en peu de jours; on s'est même endetté pour quelque temps. Je veux croire que tant de sacrifices n'ont pas été perdus, et que la grève a fait hausser les salaires dans une certaine proportion. Mais si l'heure d'atelier est payée quelques centimes de plus, elle paraîtra deux fois plus longue et plus pénible à l'homme qui n'empoche plus qu'une partie de son salaire et qui travaille pour s'acquitter.

Et si la grève a tué l'industrie qui vous faisait vivre? Si le consommateur, dérangé dans ses habitudes ou agacé par vos prétentions, se met en grève à son tour et délaisse vos produits? Cela s'est vu; j'ai des exemples au bout de la plume. Si, sans aller si loin, le public, qui vous faisait vivre, adresse désormais ses commandes aux fabricants étrangers? Il n'y a plus de loi qui oblige les consommateurs français à se fournir en France. Tout récemment la grève des chapeliers de Paris a provoqué une énorme importation de chapellerie anglaise; la grève des carrossiers parisiens a procuré de belles commandes aux fabricants de Bruxelles.

Ce côté faible de la grève n'a pas échappé aux grands meneurs de la classe ouvrière, qui sont, je l'avoue, des stratégistes éminents. Depuis trois ou quatre ans, on voit poindre le projet d'une ligue

ouvrière aussi grande que le monde civilisé. Il ne
s'agit de rien moins que d'associer tous ceux qui
travaillent de leurs mains, en Europe et en Amérique, pour obtenir partout à la fois la hausse des
salaires. Un grand conseil, véritable gouvernement
de la main-d'œuvre universelle, décréterait et
soutiendrait la grève partout où elle lui paraîtrait
utile ou juste. Si ce plan grandiose arrive à l'exé-
cution, ni les entrepreneurs ni les consommateurs
de Paris ne pourront recourir à la production
étrangère pour rabattre les prétentions du travail
national; le mot d'ordre sera donné partout, et il
aura force de loi.

J'admire sincèrement cette organisation, et je
crois qu'en des mains habiles elle réaliserait en
peu d'années la hausse de tous les salaires. Reste
à savoir si les ouvriers seraient sensiblement plus
riches, et j'affirme que non.

Supposez qu'une grève bien conduite et bien
soutenue ait doublé le prix de la main-d'œuvre
en faveur de tel ou tel corps de métier. Les cordonniers, par exemple, obtiendront de vendre dix
francs le travail qu'ils livrent pour cinq. Qu'en
résultera-t-il ? Que le consommateur, c'est-à-dire
tout le monde, payera les souliers plus cher. Or
les chapeliers qui ne marchent pas pieds nus, et
qui veulent avoir leur budget en équilibre, senti-

ront le besoin de gagner davantage, ayant plus à
payer. Ils réclament et obtiennent une augmentation de salaire, et voilà la hausse des chapeaux qui
suit immédiatement la hausse des souliers. Les
tailleurs seraient bien naïfs s'ils se laissaient
écorcher sans écorcher aussi leur monde, et de fil
en aiguille l'augmentation des salaires industriels
élève le prix de tous les produits manufacturés.

Mais le paysan n'est pas plus sot que les gens de
la ville. Lorsqu'il verra que ses vêtements, ses outils et toutes les marchandises qu'il consomme lui
coûtent plus cher que par le passé, il ne livrera
plus ni son blé, ni ses bœufs, ni sa laine, ni son
vin, ni son chanvre aux prix du bon vieux temps.
Dès que les citadins lui vendent leur main-d'œuvre
deux fois plus cher, pourquoi donc abandonne-
rait-il la sienne à vil prix? La réciprocité est une
loi que personne n'ignore : « Je vends comme j'a-
chète et j'exploite qui m'exploite. » La hausse des
produits agricoles suivra de près la hausse des
produits de fabrique.

Les serviteurs du public, c'est-à-dire les fonctionnaires, s'apercevront bientôt qu'ils sont dupes.
« Je travaille autant que jamais, et je touche toujours le même traitement; mais la somme que je
perçois ne me permet plus de vivre aussi bien,
parce que tous les travailleurs, excepté moi, ont

18

doublé le prix de leurs services. Je ne refuse pas
de payer les autres plus cher, mais à charge de
revanche. » Rien n'est plus juste; on augmente
tous les traitements, et le budget de deux milliards
s'élève à quatre. Or qui est-ce qui paye le budget?
Tout le monde.

Et que dira le bon propriétaire? Que dira le capitaliste en présence du renchérissement universel? Nos impôts sont doublés, nous payons deux
fois plus cher qu'autrefois les services du paysan,
de l'ouvrier, du domestique; n'est-il pas juste et
naturel de doubler notre salaire à nous, c'est-à-dire
le loyer de nos capitaux, de nos maisons et de nos
terres?

En fin de compte, les cordonniers, qui croyaient
avoir remporté une belle victoire en doublant le
taux du service qu'ils vendent, s'apercevront qu'ils
ont doublé en même temps le prix de tous les services qu'ils achètent.

Tous les hommes, nous l'avons dit et prouvé,
sont à la fois producteurs et consommateurs. Si
tous ensemble nous doublons nos salaires, chacun
gagnera cent pour cent comme producteur et les
perdra comme consommateur, et rien ne sera modifié dans l'échange des services.

Je me trompe : cette élévation de tous les prix
nous obligerait à remuer deux fois plus de mon-

naie, et par conséquent à doubler notre provision de métaux précieux. Telle nation, qui suffit à tous les besoins de l'échange avec cinq milliards en or, se verrait dans la nécessité d'en acheter et d'en conserver dix, c'est-à-dire de se mettre sur les bras une masse effroyable de capital improductif.

XI

LA COOPÉRATION

Si la grève a encore des fanatiques et même de dangereux fanatiques en Angleterre, il lui reste assez peu de partisans chez nous. Les Français, depuis tantôt deux ans, paraissent s'en détourner par raison, par fatigue et surtout par l'attrait d'une nouvelle et plus séduisante illusion. Lorsque les délégués de la main-d'œuvre anglaise exposèrent leur grand projet de chômage universel, les ouvriers français les écoutèrent à peine : « Que nous importe d'élever le taux de nos salaires, quand nous sommes à la veille de supprimer le salariat et d'être tous nos propres patrons? »

Noble ambition ! Fière espérance, qui atteste un accroissement de virilité dans l'âme de nos prolétaires.

Il ne faut pas décourager l'honnête homme qui rêve de s'élever à une condition plus indépendante, mais il ne faut pas le leurrer. Dans les sociétés à base démocratique, où le suffrage du grand nombre décerne le pouvoir et les honneurs, c'est à qui flattera les illusions plébéiennes ; les partis se disputent le patronage de toute idée populaire, qu'elle soit pratique ou non. L'expérience donnera ce qu'elle pourra ; quand même elle n'aboutirait qu'à une aggravation de misère, les malins qui ont escompté l'ambition du pauvre conserveront le salaire de leurs flagorneries.

La coopération, dans le sens tout nouveau que la démocratie donne à ce vieux mot, signifie : une association formée par des travailleurs sans capital pour acheter en commun les choses nécessaires à la vie sans l'intermédiaire du détaillant ; ou produire en commun, sans subir la loi du patron, ou s'emprunter réciproquement leurs petites épargnes sans payer tribut au banquier. Sociétés de consommation, de production et de crédit mutuel tendent au même but, l'émancipation, par une même voie, l'association.

Le principe est louable et digne de tous les en-

couragemcnts : un homme qui veut s'émanciper à
ses risques et périls est plus homme que ceux qui
se traînent dans l'ornière. Le procédé commun à
toutes les sociétés coopératives (c'est-à-dire l'association) est inspiré par les meilleurs sentiments de
la nature humaine. Il faut donc souhaiter que l'expérience des trois modes de coopération se fasse
sur une grande échelle et qu'elle ait tout le succes
possible.

Mais le devoir des publicistes désintéressés ae
toute ambition personnelle est d'avertir les prolétaires, d'éclairer leur route et de les prémunir
contre le danger des espérances démesurées.

Oui, les sociétés de consommation répondent à
un besoin réel. Le pauvre a toujours tout payé plus
cher que le riche, parce qu'il n'a jamais pu acheter
les marchandises qu'au petit détail, de neuvième
ou de dixième main. On estime qu'à Paris les objets de première nécessité vendus au prolétaire
subissent une augmentation de 38 à 40 pour 100,
c'est-à-dire qu'il paye environ sept francs ce qui en
vaudrait cinq pour un riche. Cette plus-value est
exorbitante et pourtant logique. L'ouvrier n'a ni
le temps ni le moyen d'acheter les marchandises
en gros; il n'est pas logé de manière à conserver
chez lui un approvisionnement de quelque importance; il doit limiter ses achats quotidiens à sa

consommation personnelle. Les quarante pour cent
que l'ouvrier donne en trop ne sont pas confisqués
par des parasites ; ils servent à payer le travail, le
loyer et les risques d'une foule de petits producteurs, épiciers, charbonniers, porteurs d'eau, char-
cutiers, bouchers, etc., qui transportent, conservent, détaillent la marchandise et la mettent à la
portée du petit consommateur.

Évidemment l'ouvrier serait plus heureux s'il
pouvait s'affranchir de cet impôt. Une réduction de
40 pour 100 sur tout ce qu'il achète équivaudrait
à une augmentation d'autant sur son salaire. Four-
nissez-lui le moyen d'acheter en détail au prix du
gros, la journée de cinq francs se trouvera portée
à sept, sans que le patron donne un centime de
plus, sans que le prix de revient des produits manufacturés soit élevé d'un centime.

C'est une vérité si frappante que plusieurs grands
manufacturiers et quelques riches compagnies
l'ont déjà mise en pratique. La Compagnie du chemin de fer d'Orléans se fait négociante et détail-
lante au profit de ses 14 000 employés. Elle leur
livre en détail, au prix du gros, les aliments, le vin,
le combustible, le linge, les habits, et généralement toutes les choses nécessaires à la vie. Par ce
moyen, elle augmente de 40 pour 100 le total des
salaires, et cela sans bourse délier. Cependant il ne

faut pas croire que ce rôle providentiel ne lui coûte
rien. Elle prête les magasins, elle fait les transports gratis, elle délègue quelques-uns de ses employés au service de l'achat et de la vente, elle subit le déchet inévitable des marchandises, elle fait
en somme une dépense considérable dont elle devrait se débiter elle-même si ces frais n'étaient pas
compensés par le bien-être et l'attachement de
14 000 personnes.

La saline de Dieuze et beaucoup d'autres usines
importantes fournissent à prix coûtant le pain de
leurs ouvriers. A prix coûtant, c'est-à-dire au-dessous du prix coûtant, car on ne leur fait payer ni
le combustible, ni l'entretien du matériel, ni le
loyer des bâtiments, ni la main-d'œuvre.

Les Dollfus, les Kœchlin, les Goldenberg, les
Monin Japy, ces grands manufacturiers d'Alsace,
qui sont avant tout de grands hommes de bien,
construisent des maisons ouvrières qu'ils vendent
ensuite au prix coûtant. Tout cela est du patronage
intelligent, libéral, humain: ce n'est pas de la coopération.

Une société coopérative de consommation serait
celle qui achèterait par exemple dix mille hectolitres de vin dans l'Hérault, au prix de 10 francs
l'hectolitre, pour les distribuer en détail à trois
mille associés vivant à Paris, ou celle qui deman-

derait aux mines d'Anzin six mille tonnes de
charbon, à 10 francs les 1000 kilos, pour les
débiter sans bénéfice à six mille sociétaires parisiens.

Pour qui sait les prix du charbon et du vin chez
les détaillants de Paris, ces deux opérations paraissent admirables. « Quoi! nous pourrions avoir le
charbon de terre à 50 centimes les 50 kilos! Le vin
naturel ne nous coûterait plus que 10 centimes le
litre! »

Attendez. Il s'agit d'ajouter au prix d'achat les
frais de transport et l'impôt qui sur les vins à bon
marché est de 200 pour 100 et davantage. Il faut
ensuite louer un magasin général et une vaste cave.
Est-ce tout? Malheureusement non. Les prolétaires
n'ont pas le temps de courir à Neuilly ou à la Rapée
chaque fois qu'il leur faut un panier de charbon
ou une bouteille de vin. Leur temps vaut de l'argent; il importe que les marchandises d'usage
quotidien viennent les trouver chez eux, ou du
moins les attendent au coin de la rue. Il sera donc
indispensable que les sociétés de consommation
dont il s'agit aient presque autant de dépôts dans
la ville qu'on y rencontre de charbonniers et de
marchands de vins. Il faudra que la société loue des
boutiques, qu'elle salarie des comptables, des manœuvres, des surveillants, un personnel plus oné-

reux que le marchand de vins et son garçon, le charbonnier et sa femme.

Je ne dis pas que le succès d'une grande société de consommation soit absolument impossible, mais à première vue j'y crois peu. Les Anglais, qui s'étaient d'abord engoués de ce genre d'opération, nous ont communiqué la liste de leurs mécomptes. Trop souvent, presque toujours ils ont vu les ouvriers volés par leurs comptables, par les préposés des magasins coopératifs. Ils déclarent unanimement que la ruine ou la prospérité d'une société de consommation dépend du choix du préposé, et qu'un préposé capable, actif, honnête, est un vrai merle blanc. L'association promotrice du mouvement coopératif, dans une instruction publiée à Londres en 1866, adressait les conseils suivants aux sociétés de consommation :

1° Exiger que les préposés fournissent bonne et valable caution;

2° Leur accorder un bénéfice de 2 pour 100 au plus pour déchet des marchandises;

3° Exiger qu'ils tiennent exactement leurs livres, les vérifier souvent, et faire dresser des bilans hebdomadaires. Tout dépend de la moralité des préposés. Le succès repose entièrement dans leurs mains, on ne saurait les choisir avec trop de soin et de jugement. Aussi est-il d'une importance vi-

tale de les rémunérer largement et de leur allouer
une part dans les bénéfices. L'éminent économiste
Cernuschi commente ainsi cette citation : « Il faut
rencontrer des hommes bien rares pour en faire
des préposés, trouver leurs cautions, passer avec
eux des contrats pour les déchets, avoir des comptables et une administration très-habile, salarier
tout ce monde, leur donner en outre une part dans
les bénéfices, réserver au consommateur toutes les
pertes. Quand on connaît si bien les raisons con-
traires, peut-on prêcher la consommation coopérative? »

Quant à moi, je ne la prêche pas, et pourtant
je ne voudrais en détourner personne. Essaye qui
voudra; mais prudemment. L'enquête officielle de
1866 a démontré qu'au sentiment de presque tous
les spécialistes les sociétés de consommation devaient vendre, non-seulement à leurs membres,
mais encore aux tiers. Elles ne supprimeraient
donc les intermédiaires actuels que pour les remplacer, et après avoir tué l'épicier, le marchand
de vin, le charbonnier et tant d'autres prétendus
parasites, elles se glisseraient dans leur peau. Je
ne vois pas ce que les tiers, c'est-à-dire les consommateurs non associés pourront gagner à cette
substitution; je ne suis pas même bien sûr que les
prolétaires associés réalisent de gros profits en

s'ingérant dans le commerce. Ils n'ont ni l'apti--
tude, ni l'argent nécessaire aux opérations de
vente et d'achat, et ils risquent d'autant plus d'y
perdre leur première mise, qu'ils feront le négoce
par ministère d'intendant.

Ces considérations ont décidé quelques groupes
de travailleurs intelligents à transiger avec le
commerce au lieu de lui déclarer la guerre. A
Mulhouse, à Strasbourg et dans plusieurs autres
villes d'industrie, le prolétaire renonce à créer des
magasins spéciaux. Il s'entend à l'amiable avec les
détaillants établis et stipule une remise de 5, 6 et
7 pour 100 sur toutes les fournitures. Il achète
au comptant, paye les objets de consommation au
prix de tout le monde, et laisse le produit des escomptes se capitaliser dans une caisse commune.
Ce n'est pas précisément de la coopération, mais
c'est de l'épargne fort bien entendue. M. Émile
Kœchlin a calculé que ces petits escomptes, ajou-
t's à une très-faible cotisation, produisaient au
minimum 36 fr. par tête et par an, et que chaque
sociétaire par l'accumulation des intérêts de ses
36 fr. annuels amasserait 452 fr. en dix ans,
1190 fr. en vingt ans, et 2400 fr. en trente ans.
Voilà une modeste combinaison qui permet au
prolétaire de créer un petit capital sans risquer
un centime et sans se priver de rien.

Les sociétés coopératives de crédit mutuel ont le plus grand succès en Allemagne, mais il ne faut pas trop se hâter de conclure qu'elles aient un brillant avenir chez nous.

Les Allemands en ont fondé plus de mille, et l'on estime que ces banques populaires font environ 500 millions d'avances par an.

Le mécanisme d'une telle association est fort simple. Une cinquantaine de braves gens, tous établis, petits marchands, petits patrons, habitant la même commune et se connaissant les uns les autres, se cotisent pour créer un fonds social. Lorsqu'un d'entre eux se trouve gêné, il recourt à la caisse coopérative qui prête 500 fr., si elle a 500 fr. à lui, plus 250 et jusqu'à 500 fr. pris sur la part des autres. C'est une véritable opération de crédit, car c'est une marque de confiance accordée par quelques honnêtes gens à un homme qu'ils ont tout lieu de croire honnête. Le Crédit foncier ne fait pas crédit; il prête sur hypothèque, sans se préoccuper de la moralité de l'emprunteur ; le Crédit mobilier ne fait pas crédit, non plus que le Mont-de-Piété : ils prêtent sur gage. Le vrai crédit, le seul, est le prêt sur garantie morale, et les sociétés fondées en Allemagne par M. Schultze de Delitsch sont les premières institutions de crédit qui aient pris pied en Europe.

Un honorable et digne citoyen de Paris, qui ne connaissait ni le nom, ni l'œuvre de M. Schultze, a créé spontanément parmi nous la Société mère de crédit mutuel. Cet homme de bien s'appelle M. Engelmann, et son œuvre date de 1857. Les premiers associés versaient, dans le principe, une cotisation d'un franc par semaine; en 1866, c'est-à-dire après neuf ans chacun d'eux possédait 543 fr. dans la caisse commune.

Les membres de la Société mère sont au nombre de quarante-huit, disséminés dans les divers quartiers de Paris; ils se recrutent dans un grand nombre d'industries, car s'ils faisaient tous le même genre d'affaires la moindre crise aurait pu les tuer d'un seul coup. Cette poignée de braves gens, avec ses moyens limités, a pu prêter en huit années 252 223 fr. Le total de ses pertes dans ces huit ans s'est élevé à cent sous.

Voilà qui est admirable, et je regretterais sincèrement que cette Société mère n'eût pas fait de petits. Elle a donné naissance à soixante ou soixante-dix autres associations, dont chacune compte vingt-cinq à cinquante membres.

Il est permis d'espérer que le crédit mutuel ne s'arrêtera pas en si beau chemin, et que les associations de cette nature se multiplieront à Paris et en province. Mais le crédit mutuel est absolument

incapable de guérir le prolétariat et d'avancer la
réforme sociale que tous, riches et pauvres, nous
appelons de nos vœux.

La combinaison de M. Engelmann, ou de M. Schultze, a pour but d'assurer les petits patrons contre
tout accident qui pourrait les rejeter dans l'abîme
du prolétariat; elle les élève peu à peu vers les
couches supérieures de la bourgeoisie, ce qui est
très-louable et très-heureux, mais elle est impropre à transformer le prolétaire, l'homme qui n'a
rien, en petit capitaliste. Les membres d'une société de crédit mutuel sont déjà des hommes établis, ils présentent une certaine surface, ils offrent
des garanties à leurs associés, ils sont en assez
petit nombre pour se connaître les uns les autres
et s'estimer à leur juste valeur. Si modeste que
soit leur sort, ces hommes vous apparaîtront
comme une véritable aristocratie, si vous les comparez aux prolétaires purs, à cette légion d'hommes sans capital, sans mobilier, sans résidence
fixe, que le moindre accident chasse d'un garni à
l'autre, d'un quartier à l'autre, d'un atelier à
l'autre; trop heureux si les hasards de l'industrie
ne les jettent pas brutalement sur le pavé! Qui
est-ce qui leur prêterait la moindre somme pour
s'établir? Qui est-ce qui les connaît, sinon leurs
camarades pauvres comme eux? Cent petits capi-

taux peuvent s'associer, et faire ainsi de grosses sommes; l'association de cent misères ne produira qu'une immense misère.

L'ouvrier s'abuse si peu sur sa situation qu'il n'essaye pas même d'emprunter au petit bourgeois; il lui prête plutôt ses économies. M. Engelmann l'a dit dans sa déposition de l'enquête sur les sociétés coopératives : « Quant aux ouvriers, qui n'empruntent guère, notre société est pour eux une sorte de caisse d'épargne. »

Je suis à peu près sûr que si l'on choisissait dans toutes les manufactures de France mille travailleurs d'élite, et si on leur offrait mille francs par tête, à 5 pour 100, pour s'établir isolément chacun à son compte, ils résisteraient presque tous aux agaceries du capital.

Le temps n'est plus où l'ouvrier de distinction rêvait de s'établir à son compte en qualité d'artisan, ou de petit patron. Une révolution s'est faite dans l'esprit des ateliers; on commence à comprendre que l'existence des humbles fabriques est menacée par les manufactures; on assiste à une guerre où les gros bataillons, c'est-à-dire les gros capitaux, ont la victoire assurée. On sent aussi (car on a l'esprit juste) qu'un excellent ouvrier ne ferait qu'un médiocre artisan. La division du travail développe certains côtés du talent au détri-

ment de tous les autres. Pour être un ouvrier
hors ligne et gagner de belles journées, il s'agit
de très-bien faire ceci ou cela; un bon artisan
doit savoir tout, ou du moins un peu de tout; il
doit être plus complet que les premiers sujets
d'une manufacture. Enfin, il faut tout dire, l'élite
de la classe ouvrière aspire à travailler en grand,
à remuer l'argent par millions et les bras par
milliers. Les hommes supérieurs du prolétariat
se voient ou se croient à la veille d'un mouvement économique comparable à la grande levée
des volontaires de 92, et chacun d'eux espère
avoir son bâton de maréchal en poche.

Un économiste très-distingué, M. Batbie, disait
dans l'enquête de 1866 :

« Des trois formes de société, je considère la société de production comme la plus difficile à réaliser; et cependant c'est celle à laquelle les ouvriers tiennent le plus.... Les sociétés de production
sont les plus populaires, et ceux qui veulent plaire
aux ouvriers ne manquent pas de recommander
cette forme. »

Quant à nous, qui voulons les éclairer, et non
leur plaire, nous ne craindrons pas de la discuter.

Les sociétés coopératives de production s'orga-
nisent, disons-le franchement, contre le patronage.

Beaucoup d'ouvriers se croient exploités par le patron; ils pensent que le salaire, suivant l'expression hardie de M. Limousin, n'est qu'*un à-compte
sur le produit du travail*, et lorsqu'on leur répond
que le salaire est un prix ferme au delà du-
quel personne ne doit plus rien, ils crient au voleur!

Cette opinion était déjà si bien enracinée il y a
vingt ans, que le premier mouvement des ouvriers
de Paris, après la chute du roi Louis-Philippe, fut
de s'organiser en sociétés fraternelles où tout le
monde était patron. Quels que fussent leurs préjugés contre l'*infâme* capital, ils comprirent qu'il y
aurait folie à commencer leurs entreprises sans
lui. Le gouvernement provisoire vint à leur aide
par un prêt de trois millions. Trois cents sociétés
de production se fondèrent; elles n'ont rien remboursé, et deux cent quatre-vingt-quatre sur trois
cents ont péri. Il faut dire que la politique, après
avoir favorisé leur naissance, n'a pas été étrangère
à leur mort.

Il suffit, selon moi, que seize d'entre elles aient
vécu et prospéré dans une certaine mesure pour
que nous ne découragions pas les nouvelles tenta-
tives de coopération. Mais ce serait mentir aux ouvriers que de leur dire : l'État vous prêtera encore
de l'argent. Ils ne doivent compter que sur eux-

mêmes et n'attendre leurs capitaux que de leur épargne personnelle.

Or, il y a des industries qu'on ne peut aborder sans avoir beaucoup d'argent. Chacun sait aujourd'hui que l'outillage le plus perfectionné donne les meilleurs produits et au meilleur compte ; qu'une fabrique médiocrement installée est obligée de vendre à plus haut prix qu'une manufacture de premier ordre et que le consommateur préférera toujours, à mérite égal, la marchandise la moins chère. Il est donc impossible qu'un petit capital, c'est-à-dire un pauvre outillage, soutienne la concurrence des millions armés en guerre. Par exemple, une filature de 100 000 fr. ou même de 300 000 serait condamnée à mort avant le jour de sa naissance.

Il faut donc reconnaître, avant tout, que les sociétés coopératives de production n'ont rien à faire avec les industries qui procèdent à coups de capitaux.

Quelques flatteurs ont dit à la classe ouvrière : « Pour fonder une manufacture de deux millions et demi, vous n'avez qu'à vouloir. Cent mille travailleurs associés se cotisent pendant un an, sur le pied de cinquante centimes par semaine. Le 31 décembre, ils auront réuni la somme de 2 600 000 fr. » Rien de plus vrai. Mais pensez-vous qu'un outillage

de 2 600 000 fr. puisse occuper cent mille paires de
bras? Il n'en occuperait pas cinq cents. Sur les
cent mille associés qui pensaient devenir patrons,
il y en aura donc quatre-vingt-dix-neuf mille cinq
cents qui auront manqué le but. Quels seront les
privilégiés? On peut tirer au sort. C'est un jeu
plus honnête assurément que les infâmes loteries à
25 centimes, mais je ne prendrais pas sur moi de
le recommander à personne.

Les ouvriers qui rêvent de s'émanciper par la
production coopérative feront bien de choisir les
industries où la main-d'œuvre a plus de part que
le capital.

Ils éviteront avec soin celles où le capital fournit
95 pour 100 et la main-d'œuvre 5, comme l'industrie du tapissier, par exemple. Ils donneront la
préférence à celles où le travail de l'homme ajoute
un prix considérable à des matériaux de peu de
valeur.

Dans l'enquête sur les sociétés coopératives,
M. Émile Laurent a raconté l'histoire d'une association qui avait commencé avec un capital de
2 fr. « Avec ce capital, on a acheté un bloc de bois
qui a été vendu 7 ou 8 fr.; avec cette somme, on a
acheté plusieurs blocs. Cette société est aujour-
d'hui la plus considérable de Paris pour la fabrication des formes. »

Supposez un moment que les ouvriers tailleurs
de diamant se réunissent en société coopérative.
Pensez-vous qu'ils arrivent à un résultat analogue
en partant d'un capital de 2 fr.?

Les ouvriers lunetiers produisent 60 fr. d'ouvrage avec 15 fr. de matières premières. La main-
d'œuvre, chez eux, ajoute 75 pour 100 à la valeur
du produit. Ils étaient donc dans d'excellentes conditions pour s'unir en société coopérative; aussi
ont-ils parfaitement réussi. Mais après avoir débuté
sans capital (ils étaient endettés de 650 fr. en 1849),
ils ont compris la nécessité d'appeler l'argent à
leur aide. Écoutez la déposition de M. Delabre :
« L'apport social a été fixé à 300 fr., mais nous
avons reconnu que cela ne suffisait pas. De nouveaux associés sont venus et l'apport social a été
porté à 1000 fr., puis à 5000 et à 10000 fr.; nous
pensons même à le porter à 15000 fr. Nous avons
fait cette année (1866) pour plus de 600 000 fr.
d'affaires. » Ils font 600 000 fr. d'affaires, mais leur
fonds social est de 300 000 fr. (Déposition de M. Mu-
neaux.)

Le travail des tourneurs en chaises, comme celui des formiers et des lunetiers, ajoute une plus-
value considérable à la matière première. Une société coopérative, fondée par eux en 1848, a réuni
jusqu'à cent sept membres, qui faisaient pour

200 000 fr. d'affaires avec un capital de 60 000 fr.
Sur ces cent sept associés, il n'en restait que onze
en 1866, et la déposition, très-intéressante d'ailleurs, de l'honorable M. Surugue ne nous explique pas suffisamment la cause de ce déchet. Je
suis tenté de croire que l'individualisme (passez-
moi le mot) détachera souvent les ouvriers français
de l'association la plus lucrative.

Les avocats de la production en commun opposent à toutes les critiques le succès vraiment beau
de la société coopérative des maçons. La société
des maçons de Paris, comme la société des libres
pionniers de Rochdale, représente l'idéal de la
coopération triomphante.

J'avoue qu'il est difficile de ne pas admirer le
succès de la société coopérative des maçons. Quatre-vingts paires de bras associées pour un rude
travail, arrivant par leurs propres forces à terminer des travaux gigantesques comme la nouvelle
gare d'Orléans, c'est véritablement un miracle de
l'énergie humaine.

Mais ces bras ne sont point une force aveugle,
ils sont disciplinés, soumis à la direction toute-
puissante de deux ou trois hommes supérieurs.
Lisez la déposition de M. Cohadon, gérant de cette
société, et vous croirez entendre la parole d'un patron très-instruit et très-distingué en tout genre.

Si les maçons de la rue Saint-Victor se sont
constitués en république, ils ont eu soin de se
donner des présidents de premier choix.

Quoique les travaux de construction soient de
ceux où la main-d'œuvre a plus de prix que la matière première, la société ouvrière des maçons s'est
bien gardée de rompre avec le capital. Elle s'est
fait un capital social de 300 000 fr.; la part de certains membres est de 2000 fr. et même de 10 000,
et comme les travailleurs associés ne pouvaient
pas réaliser 300 000 fr. par voie de cotisation, ils
n'ont pas hésité à s'annexer les capitaux bourgeois.
Dans cette société prospère, « le capital a sa fonction à côté du travail, et il vient alors en partage
avec la main-d'œuvre. » C'est M. Cohadon qui parle;
un patron ne dirait pas mieux. Dans le partage des
bénéfices, « 60 pour 100 sont attribués au travail,
et 40 pour 100 au capital. » N'est-ce pas une proportion parfaitement équitable ?

Les sociétaires ouvriers reçoivent un salaire fixe
réglé sur la quantité et la qualité de leur travail;
ils ont ensuite une part dans les bénéfices, comme
ils auraient à se partager les pertes en cas de malheur.

Cette société coopérative vous paraîtra d'autant
moins révolutionnaire que vous l'étudierez de plus
près. Elle sanctionne les droits du capital, elle ad-

met le salaire, elle rétribue les travailleurs en raison de leurs services et paye le gérant plus cher que le manœuvre, sans le considérer comme un parasite. C'est un patron à quatre-vingts têtes, qui raisonne et défend ses intérêts comme tous les autres patrons.

Elle emploie des centaines d'ouvriers, cette société coopérative, et elle leur paye un salaire fixe, ferme, définitif, qui n'est nullement un à-compte sur le produit du travail. Seulement ces ouvriers portent le nom flatteur d'auxiliaires. Rien n'est plus contradictoire aux principes de la coopération théorique. Mais écoutez M. Cohadon, qui est un esprit pratique :

« Voici pourquoi il est impossible de ne pas employer des auxiliaires : on ne peut refuser de satisfaire la clientèle quand elle vous offre des travaux; sans cela, on la perd. En principe, une association ne doit faire travailler que ses membres; mais dans la pratique cela est matériellement impossible. Il est également impossible d'assurer aux auxiliaires une part des bénéfices. D'abord est-on bien sûr d'avoir toujours des bénéfices? Et s'il y a des pertes, les auxiliaires devront-ils, pourront-ils en prendre leur part? Et puis est-il possible de donner aux auxiliaires un droit d'immixtion dans les affaires de la société? Comment établir leur

quote-part? Comment justifier la bonne foi?... Il
n'est pas admissible que ceux qui ne prennent
point leur part des pertes, prennent leur part des
bénéfices. »

Je ne suis pas fâché d'entendre un ouvrier de
bon sens parler ainsi et tourner contre ses salariés les éternels arguments du patronage. Il n'y a
pas un chef d'usine qui n'ait tenu vingt fois le
discours de M. Cohadon pour réfuter les exigences de ses ouvriers. Si l'ouvrier lui-même, aussitôt qu'il devient une fraction du patron, adopte
les idées de notre bonne vieille économie sociale,
c'est que nous sommes dans le vrai. Je suis heureux d'enregistrer cet hommage rendu par la
coopération elle-même au principe fondamental
du patronage.

Voici comment M. Blaise (des Vosges), qui est un
économiste très-compétent, s'est exprimé sur ce
sujet devant le commissaire d'enquête :

« Au point de vue légal, les opérations des sociétés de production sont identiques à celle des patrons;
au point de vue moral, elles procèdent à peu près de
la même manière. Comme eux, elles emploient des
salariés, nommés auxiliaires, ne les payent pas davantage et ne leur assurent pas de travail perma-
nent; les ouvriers se plaignent même d'être plus mal
traités par elles que par les patrons ordinaires. Ces

sociétés, lorsque leurs membres possèdent les rares
qualités commerciales, techniques et hiérarchiques
qui permettent le succès, profitent à ceux qui les
forment ou qui y sont admis par la suite ; mais
elles représentent seulement des patrons de plus,
et bien qu'elles puissent se multiplier encore beaucoup, comme elles ne comprendront jamais qu'une
fraction minime de la classe ouvrière, elles ne son
pas appelées à exercer une influence sérieuse sur
la condition économique des masses. »

Je ne vais pas tout à fait si loin, mais j'ai peur
que dans les sociétés de production il y ait beaucoup d'appelés et peu d'élus.

L'honorable M. Chabaud, président de la commission des délégations ouvrières à l'Exposition
universelle de 1862, et fondateur de plusieurs associations coopératives, est d'avis que « les sociétés
de production pourraient bien finir par supprimer
le patronage, mais qu'il y en a encore pour longtemps. »

Je le crois d'autant plus volontiers que M. Chabaud nous dit lui-même :

« Pour qu'une société réussisse, il faut qu'elle
ait à sa tête un homme d'une intelligence supérieure, d'une honorabilité à toute épreuve, d'une
abnégation sans égale. Il est souvent difficile de
rencontrer un tel homme, »

Assurément, et tous ceux que l'on rencontre, on devrait les tirer de l'atelier pour en faire des députés, des préfets, des sénateurs, des ambassadeurs et des ministres.

XII

DE L'ASSURANCE ET DE QUELQUES AUTRES NOUVEAUTÉS RECOMMANDABLES

Lecteur intelligent, tu dois comprendre que si je tenais dans ma main la solution du problème de la misère, je ne te l'aurais pas fait attendre jusqu'au dernier chapitre de mon livre.

Le mal est vieux comme le monde ; tous ceux qui l'ont étudié consciencieusement (et j'en suis) affirment que la guérison sera longue et difficile. C'est déjà rendre service au malade que de le prémunir contre les charlatans qui promettent de le guérir en huit jours. C'est quelque chose aussi que de réhabiliter les vrais remèdes, tous connus, mais trop peu usités de notre temps.

Tous les hommes veulent avoir; c'est une ambition non-seulement naturelle, mais louable.

« Pour avoir, il faut hériter, ou travailler, ou gagner à la loterie. » (Cernuschi.)

J'écarte la loterie, qui est une impudente exploitation de l'imbécillité humaine, et je dis: ceux qui n'ont pas eu le bonheur d'hériter ne doivent rien attendre que de leur propre travail et de leur épargne personnelle. Toutes les théories qui leur promettent des biens gagnés autrement sont des leurres.

Consommer tous les jours un peu moins qu'on n'a produit, voilà la source unique de tous les capitaux, petits et grands.

J'avoue que le fait d'entasser sou sur sou n'est pas très-séduisant en lui-même. Cependant cette pratique a pour effet certain de rendre le travail plus intéressant et moins dur. Ceux qui vivent au jour le jour, absorbant tout leur salaire à mesure qu'ils le gagnent, n'ont aucun encouragement ici-bas. Leur vie est sans objet; le passé, le présent, l'avenir se ressemblent; ils sentent que dans vingt ans ils ne seront pas plus avancés qu'aujourd'hui. Cela étant, pourquoi se donner de la peine?

Dès que le prolétaire a commencé le petit pécule qui doit, ou émanciper son travail, ou assurer le repos de ses vieux jours, tout change de face. Il voit son but, il marche avec confiance, il constate avec bonheur que chaque pas l'en approche. La monotonie de ses occupations disparaît à ses yeux, parce que chaque jour amène un changement dans sa personne; il se sent devenir un autre homme à mesure qu'il s'enrichit. Celui qui travaille sans acquérir ne sait pas pourquoi il travaille ; celui qui voit croître son épargne se dit tous les matins avec un redoublement de courage : je travaille pour moi.

Cet égoïsme prévoyant est un ressort bien plus vigoureux que la nécessité de gagner le pain quotidien. Le travailleur qui pense à l'avenir est un autre gaillard que le mercenaire résigné à une gueuserie sempiternelle, qui réduit ses besoins pour ménager ses efforts, et arrive à consommer le moins possible en se fatiguant le moins possible.

Mais le plus fort de tous les travailleurs est celui qui épargne dans l'intérêt de ses enfants. Mariez-vous; les charges du ménage ne sont pas comparables à ses profits. Toutes les privations deviennent des plaisirs, dès qu'on se prive pour ceux qu'on aime.

Instruisez-vous si vous pouvez ; je vous ai dit que le travail de l'homme instruit vaut plus cher que celui de l'illettré. Si vous avez passé le temps d'apprendre, ne manquez pas d'envoyer vos enfants à l'école, afin qu'ils soient un jour plus utiles

et plus heureux que vous. Cherchez tous les moyens
de vous éclairer sur les questions d'économie sociale, ne fût-ce que pour vous mettre en garde
contre l'exploitation des hâbleurs.

Vous saviez tout cela, n'est-il pas vrai? Mais
chaque fois que vous avez voulu faire un pas en
avant, vous vous êtes heurtés contre un obstacle.

D'abord, c'est la cherté des subsistances, qui rend
les économies difficiles.

Ensuite, le peu d'argent que vous avez mis de
côté ne rapporte qu'un piètre intérêt, 3 1/2 pour
100, à la caisse d'épargne. A ce taux, il faut bien
du temps pour grossir votre petit capital. Et personne n'est sûr de vivre assez longtemps pour ar-
rondir une somme !

Et quand même on arrive à réaliser mille ou
deux mille francs, le moyen de s'établir à son
compte avec si peu? Les artisans et les boutiquiers
sont régis par la loi commerciale, qui est rude; leur
clientèle est soumise à la loi civile, infiniment plus
douce. Le prolétaire qui fonde une maison sans
grandes ressources, achète des matières premières
à 60 ou 90 jours d'échéance. S'il ne les paye pas
exactement, il est mis en faillite, saisi, ruiné et
déshonoré : telle est la loi du commerce. Ses clients,
plus riches que lui, le payent quand ils y pensent,
quand ils n'ont rien de plus pressé, au bout d'un

an, deux ans et quelquefois plus tard encore. Tel
est l'usage du monde, encouragé par les lenteurs
et les facilités de la loi civile. Il résulte de là qu'un
brave homme peut tomber légalement au-dessous
de ses affaires, quoiqu'on lui doive en réalité plus
qu'il ne doit; il perd en un seul jour vingt ans
d'épargne.

Il est facile de dire aux prolétaires : étudiez l'é-
conomie sociale. Où sont les livres et les brochures
à bon marché qui leur parlent leur langue et peuvent les instruire ?

On leur conseille d'envoyer leurs enfants à l'é-
cole; ils répondent: nous ne demandons pas mieux,
mais nous n'avons pas tous le moyen de payer cet
humble enseignement primaire.

Je ne conteste point la valeur de ces arguments,
mais j'estime qu'ils ne sont pas sans réplique.

Les prolétaires ont en main le droit de suffrage ;
ils ne savent pas le tourner au mieux de leurs intérêts. Ils se laissent enrôler aujourd'hui dans un
parti, demain dans un autre ; quand donc entre-
prendront-ils une campagne pacifique au profit de
leurs femmes et de leurs enfants? Quand dresse-
ront-ils le programme des réformes équitables
dont ils ont besoin pour améliorer leur sort?

Il ne s'agit pas de lever le drapeau d'une opposition nouvelle. Nous vivons sous un gou-

vernement qui s'est toujours déclaré et montré
neutre en matière d'économie ; les principes d'a-
mélioration sociale ont leurs adhérents disséminés dans tous les partis, à la droite et à la gau-
che des assemblées.

Les prolétaires ont la majorité acquise dans
toutes les élections, s'ils veulent s'entendre. La
Constitution leur défend d'imposer à personne un
mandat impératif, mais elle ne leur défend pas
d'exposer dans quelques journaux ce qu'ils attendent de leurs députés.

Veulent-ils les subsistances à bon marché ?
Qu'ils nomment des représentants dévoués au
libre-échange.

Veulent-ils boire du vin naturel à bas prix,
même dans les grandes villes ? Qu'ils appuient la
révision des tarifs d'octroi ; qu'ils proposent la
vente des vins communs à la criée et la percep-
tion d'un droit *ad valorem*. Ce droit fût-il de cent
pour cent, l'ouvrier de Paris boirait, dans sa famille, un vin agréable et généreux à 30 centimes
le litre.

Veulent-ils que tous leurs enfants suivent l'é-
cole ? Qu'ils nomment des députés acquis au prin-
cipé de l'enseignement gratuit.

Sont-ils curieux de s'éclairer sur tous les points
de l'économie sociale ? Qu'ils fassent proposer la

suppression du timbre sur les brochures instruc-
tives. C'est par la brochure à deux sous que les
idées pratiques sont entrées dans l'esprit des prolétaires anglais, et la brochure à deux sous ne
sera jamais possible si elle doit payer huit centimes au Timbre.

Les ouvriers se plaignent, avec raison, de ne
toucher qu'un intérêt de 3 1/2 pour 100 lorsqu'ils
portent leur argent à la Caisse d'épargne. Quoi !
disent-ils, lorsque nous empruntons un milliard
comme citoyens, membres de la grande communauté française, nous payons un intérêt de 5 ou
tout au moins de 4 1/2, et quand c'est nous qui
prêtons nos économies on ne peut pas nous donner quatre ! — Eh ! mes amis, défendez votre
poche ! Élisez des députés qui soient les avocats
de vos intérêts ! La Caisse d'épargne peut donner
4 1/2 sans faire tort à personne. Une augmentation d'un pour cent sur les intérêts qu'elle paye
aurait bientôt doublé le total des dépôts (qui s'é-
lève à 528 millions), c'est-à-dire provoqué beaucoup d'économies et moralisé une foule de citoyens. L'affaire serait bonne pour les déposants,
meilleure pour la nation. Riches et pauvres, nous
sommes tous intéressés à étendre la classe des
petits capitalistes.

Et pour que les petits capitalistes puissent s'é-

tablir à leur compte sans risquer trop de faillites,
usez, ô prolétaires, de votre droit d'électeurs. Dé-
doublez votre personne, et que le citoyen soit en
aide à l'homme privé. Demandez une loi qui
mette le Code civil en harmonie avec le Code de
commerce. Faites décider en principe que « tous
les biens et les services portent 6 pour 100 d'intérêt à dater du lendemain de la livraison. » Ce
simple article habituerait en peu de temps la
clientèle aisée à payer ses fournisseurs et ses ouvriers au comptant; il ne faudrait rien de plus
pour épargner bien des sinistres aux petits capitaux soit unis, soit isolés. La nouveauté que je
conseille ici n'est pas nouvelle en Angleterre.

Enfin si vous n'êtes pas sûrs de vivre assez
longtemps pour devenir capitalistes vous-mêmes,
arrangez-vous au moins de manière à faire souche
de bourgeois en assurant votre existence au profit
de vos enfants.

Les prolétaires de la ville et de la campagne
connaissent et pratiquent depuis un certain temps
deux institutions de prévoyance qui sont :

1° La Société de secours mutuels contre les tristes nécessités qu'entraîne la maladie ou le chômage.

2° L'assurance contre les privations qui résultent de la faiblesse et de l'incapacité séniles.

Une société de secours mutuels est une loterie en sens inverse où les mauvais numéros sont gagnants. Quelques centaines de travailleurs mettent en commun une faible partie de leurs épargnes. Le capital ainsi créé appartient, en vertu d'une convention équitable et morale, à ceux des associés qui seront désignés par le malheur. Excellente institution que partout les capitalistes favorisent d'un concours actif et désintéressé. Les citoyens riches ou aisés qui s'affilient comme membres honoraires à une société de ce genre ne font pas acte de bienfaisance individuelle, mais de prévoyance sociale. Nous sommes tous intéressés à aider nos concitoyens honnêtes et courageux qui commencent par s'aider eux-mêmes.

La Caisse des retraites pour la vieillesse permet au prolétaire d'assurer le pain de ses derniers jours par un léger prélèvement sur son salaire.

Une nouvelle institution, la Caisse des assurances en cas d'accident, invite les travailleurs de toutes les catégories à se prémunir contre les coups soudains qui entraînent l'incapacité permanente du travail. Le prolétaire, moyennant un versement de 8, 5 ou 3 fr., à son choix, se garantit pour toute une année. S'il est frappé accidentellement d'une incapacité de travail absolue, l'État, son assureur, place immédiatement sur sa tête, en viager, une somme de 5120 fr., ou 3200, ou 1920, suivant le chiffre de la cotisation. Ce capital produit une rente proportionnée naturellement à l'âge de l'assuré, mais qui ne peut être inférieure à 200 fr. pour les cotisations de 5 fr., et à 150 fr. pour les cotisations de 3.

Si l'accident est de nature à entraîner une incapacité permanente de votre travail professionnel, sans toutefois vous en interdire un autre, le chiffre de la pension viagère est réduite de moitié.

En cas de mort de l'assuré, sa veuve, ses enfants mineurs ou ses vieux parents reçoivent, à titre de secours, deux annuités de la pension à laquelle il aurait eu droit.

Vous devinez au premier coup d'œil que les cotisations minimes de 8, 5 et 3 fr. ne sont pas proportionnées aux avantages que l'assuré en retire. Il a fallu que la société, en autres termes l'État, vînt à l'aide des prolétaires en doublant le produit de leurs épargnes. Chaque fois que le travailleur fait acte de prévoyance en versant une somme de cinq francs, la masse des citoyens français fait acte de patronage en donnant pareille somme. Les assurés recevront au moins le double de ce qui leur serait dû sans cette intervention amicale. Ce n'est point une aumône qu'on leur fait, c'est un encouragement fraternel qu'on leur donne, dans l'intérêt commun des riches et des pauvres.

Cette institution aura pour effet de soulager bien des misères, mais elle ne créera pas un seul capitaliste. C'est la Caisse d'assurances en cas de décès qui vous permet de faire un sort à vos héritiers sans vous imposer des privations trop sensibles.

Parmi les prolétaires qui vivent au jour le jour, il n'y en a peut-être pas un qui n'ait dit bien des fois : Ah! si j'avais un petit capital! Deux ou trois mille francs, ou même un seul billet de mille! Je serais un autre homme, plus libre, plus fort, plus utile aux autres et à moi-même.

Au pauvre mercenaire qui se lamente ainsi, la loi répond : Ce que ton père n'a pas fait pour toi, mon ami, tu peux le faire pour tes enfants. Arrange-toi de manière à épargner 17 fr. 70 dans ton année, si tu as trente ans, 23 fr. 50, un peu moins de dix sous par semaine, si tu as atteint la quarantaine. Si tu es arrivé jusqu'à l'âge de cinquante ans sans connaître les admirables ressources de l'assurance, cela te coûtera plus cher, mais pas beaucoup. Un léger sacrifice de deux sous par jour te permet de léguer à ton fils un capital de mille francs, payable le lendemain de ta mort!

Ainsi, le prolétaire de trente ans, s'il donne un sou par jour, le prolétaire de quarante ans, s'il donne un sou et demi, le prolétaire de cinquante ans, s'il donne dix centimes, assure un capital de mille francs payable entre les mains de ses héritiers, quelle que soit l'époque de son décès.

Je me trompe. La loi, pour épargner aux assurés les frais et les ennuis d'une expertise médicale, et pour éviter cependant qu'un malade condamné s'assure *in extremis*, dit que toute assurance contractée moins de deux ans avant le décès de l'assuré demeure sans effet. On restituera simplement aux ayants-droit la somme versée, avec les intérêts à 4 pour 100.

Mais au bout de deux ans et un jour, si l'assuré vient à mourir, les mille francs seront acquis à sa famille. Un homme de cinquante-trois ans, qui serait frappé dans la troisième année du contrat, n'aurait payé que 106 fr. 50, il en laisserait mille à ses enfants. Un jeune marié, qui s'assure à vingt ans et meurt à vingt-trois, laisse mille francs à sa veuve ; il n'a versé en trois fois que 42 fr. 90.

L'État n'a pas voulu faire concurrence aux Compagnies qui assurent des capitaux importants ; son but est de faire participer le prolétaire aux bienfaits d'une invention nouvelle. C'est pourquoi il a

limité à 3000 francs la somme assurable sur chaque tête.

Pour laisser 3000 francs à ses héritiers, un assuré de dix-sept ans s'engage à épargner 40 fr. 20
par an, ou environ onze centimes par jour; un
homme qui s'assure à trente ans versera 53 fr.
10 par an, soit un peu plus d'un franc par semaine. Vous voyez qu'un bon travailleur et même
un médiocre n'aura pas besoin de se saigner pour
faire souche de capitalistes.

Mais l'assurance est surtout légère à ceux qui la
contractent dès leur jeunesse. La prime annuelle
est minime pour ceux qui ont le plus de chances
de la payer longtemps; elle s'élève à mesure que
votre vie probable devient plus courte. L'homme de
soixante ans qui voudrait laisser 3000 francs à ses
fils ou petits-fils, aurait à verser 45 centimes par
jour. Le capital ne lui coûterait pas plus cher en
réalité qu'au jeune homme de dix-sept ans qui s'engage à payer 11 centimes pendant une longue vie;
mais la privation de 11 centimes sur un salaire
moyen n'est pas appréciable, tandis qu'un retran-
chement de 45 centimes sur un salaire même élevé
paraîtra dur. Donc assurons-nous vite. En cela,
comme dans toutes les bonnes choses, le plus tôt
sera le mieux.

Si cette nouveauté trouve dans le public la faveur

qu'elle mérite, le problème du prolétariat, qui passait naguère pour insoluble, est résolu en principe dès aujourd'hui et en fait avant trente ans.

Mais d'ici là, les travailleurs honnêtes et prévoyants qui vont se priver de leurs aises et se refuser quelques douceurs dans l'intérêt de la génération suivante, ne recueilleront-ils aucun fruit d'un si beau dévouement? Est-il juste que le présent se sacrifie absolument à l'avenir? Non certes.

L'homme qui a pris soin d'assurer trois mille francs sur sa tête devient par cela seul, au bout de quelques années, une valeur négociable. Il vaut plus cher sur la place que le prolétaire pur et simple. Avant son assurance, il aurait difficilement trouvé un voisin assez généreux pour lui avancer cent francs à 5 pour 100. C'est folie de confier le capital le plus modeste à l'homme qui possède ses bras pour tout avoir et qui peut mourir d'un jour à l'autre. Mais si ma mort tardive ou prématurée doit ouvrir de plein droit une succession de 3000 fr.; si la loi m'autorise à céder par acte authentique une moitié de cette somme, mon crédit personnel, c'est-à-dire l'estime que j'ai su inspirer, se double d'une garantie réelle. Le prêteur sait que je m'acquitterai moi-même, si je vis, et que la mort m'acquittera, en cas de malheur. On peut donc, sans

danger, mettre un petit capital à mon service; je
m'établis à mon compte et je deviens bourgeois
moi-même pour avoir eu la généreuse idée de faire
souche de bourgeois.

TABLE DES MATIÈRES

FIN DE LA TABLE DES MATIERES.

17122. — Imprimerie A. Lahure, rue de Fleurus, 9, à Paris.

Librairie HACHETTE et Cⁱᵉ, boulevard Saint-Germain, 79, à Paris

BIBLIOTHÈQUE VARIÉE, FORMAT IN-16, A 3 FR. 50 LE VOLUME

EXTRAIT DU CATALOGUE

ABOUT (Ed.) : *Alsace* (1871-1872). 1 vol.
— *La Grèce contemporaine.* 1 vol.
— *Le turco.* 1 vol.
— *Madelon.* 1 vol.
— *Théâtre impossible.* 1 vol.
— *L'A B C du Travailleur.* 1 vol.
— *Les mariages de province.* 1 vol.
— *La vieille roche :*
    1ᵗᵉ PARTIE : *Le mari imprévu.* 1 vol.
    2ᵉ PARTIE : *Les vacances de la comtesse* 1 v.
    3ᵉ PARTIE : *Le marquis de Lanrose.* 1 vol.
— *Le fellah.* 1 vol.
— *L'infâme.* 1 vol.
— *Le roman d'un brave homme.* 1 vol.
— *De Pontoise à Stamboul.* 1 vol.

BARINE (Arvède) : *Portraits de femmes* (Mᵐᵉ Carlyle. — George Eliot. — Une détraquée. — Un couvent de femmes en Italie au seizième siècle. — Psychologie d'une sainte). 1 vol.

CHARTON (E.), de l'Institut : *Le tableau de Cébès.* 1 vol.

CHERBULIEZ (V.), de l'Académie française :
— *Le comte Kostia.* 1 vol.
— *Prosper Randoce.* 1 vol.
— *Paule Méré.* 1 vol.
— *Le roman d'une honnête femme.* 1 vol.
— *Le grand œuvre.* 1 vol.
— *La revanche de Joseph Noirel.* 1 vol.
— *Meta Holdenis.* 1 vol.
— *Miss Rovel.* 1 vol.
— *Le fiancé de Mˡˡᵉ Saint-Maur.* 1 vol.
— *Samuel Brohl et Cⁱᵉ.* 1 vol.
— *L'idée de Jean Téterol.* 1 vol.
— *Amours fragiles.* 1 vol.
— *Noirs et Rouges.* 1 vol.
— *La ferme du Choquart.* 1 vol.
— *Olivier Maugant.* 1 vol.
— *La bête.* 1 vol.

DURUY (G.) : *Andrée.* 1 vol.
— *Le garde du corps.* 1 vol.
— *L'unisson.* 1 vol.

ENAULT (L.) : *Le châtiment.* 1 vol.
— *Valneige.* 1 vol.

FERRY (G.) : *Le coureur des bois.* 2 vol.
— *Costal l'Indien.* 1 vol.

MARMIER (X.), de l'Académie française : *En Alsace.* 1 vol.
— *Gazida,* fiction et réalité. 1 vol.
— *Hélène et Suzanne.* 1 vol.
— *Histoire d'un pauvre musicien.* 1 vol.
— *Le roman d'un héritier.* 1 vol.
— *Les fiancés du Spitzberg.* 1 vol.
— *Lettres sur le Nord.* 1 vol.
— *Mémoires d'un orphelin.* 1 vol.
— *Sous les sapins,* nouvelles du Nord. 1 vol.
— *De l'est à l'ouest.* 1 vol.
— *Un été au bord de la Baltique.* 1 vol.
— *Les voyages de Nils à la recherche de l'idéal.* 1 vol.
— *Robert Bruce.* 1 vol.
— *Les âmes en peine.* 1 vol.
— *En pays lointains.* 1 vol.
— *Les hasards de la vie.* 1 vol.
— *Nouveaux récits de voyages.* 1 vol.
— *Contes populaires de différents pays,* recueillis et traduits. 1 vol.
— *Nouvelles du Nord.* 1 vol.
— *Légendes des plantes et des oiseaux.* 1 vol.
— *A la maison.* 1 vol.
— *A la ville et à la campagne.* 1 vol.
— *Passé et présent.* 1 vol.

MICHELET (J.) : *L'insecte.* 1 vol.
— *L'oiseau.* 1 vol.

MISMER (Ch.) : *Souvenirs d'un dragon de l'armée de Crimée.* 1 vol.

SAINTINE (X.) : *Le chemin des écoliers.* 1 vol.
— *Picciola.* 1 vol.
— *Seul !* 1 vol.

TOEPFFER (R.) : *Nouvelles genevoises.* 1 vol.
— *Rosa et Gertrude.* 1 vol.
— *Le presbytère.* 1 vol.
— *Réflexions et menus propos d'un peintre genevois.* 1 vol.

WEY (Fr.) : *Dick Moon en France,* journal d'un Anglais. 1 vol.
— *Chronique du siège de Paris (1870-1871).* 1 vol.
— *Les Anglais chez eux.* 1 vol.
— *Petits romans.* 1 vol.

17127. — Imprimerie A. Lahure, rue de Fleurus, 9, à Paris.

www.ingramcontent.com/pod-product-compliance
Lightning Source LLC
Chambersburg PA
CBHW050501270326
41927CB00009B/1845